强国复兴有我

杨浦青少年学『回信』

杨浦区委宣传部 区文明办 **组编**

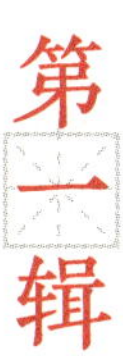

内容提要

本书精选习近平总书记给不同群体的15封回信，按“理想信念”“民族复兴”“社会责任”“创新拼搏”四个主题进行编排。每篇包含“诵读回信”“梳理纪要”“背景扫描”“殷切期望”“脉络追寻”“当事者说”“社会反响”七个模块，帮助广大青少年深入学习、理解、掌握并践行习近平总书记的寄语和嘱托，分析每封回信的内在逻辑，深刻领会习近平总书记的思想精髓和回信精神，从新时代的新经典中吮吸丰富的精神养料。

图书在版编目(CIP)数据

强国复兴有我：杨浦青少年学“回信”. 第一辑/杨浦区委宣传部，区文明办组编. —上海：上海交通大学出版社，2022. 8

ISBN 978-7-313-26982-9

Ⅰ. ①强… Ⅱ. ①杨…②区… Ⅲ. ①爱国主义教育—中国—青少年读物 Ⅳ. ①D647-49

中国版本图书馆CIP数据核字(2022)第134453号

强国复兴有我
——杨浦青少年学“回信”(第一辑)
QIANGGUO FUXING YOUWO
——YANGPU QINGSHAONIAN XUE “HUIXIN ”(DI-YI JI)

组　　编：杨浦区委宣传部　区文明办
出版发行：上海交通大学出版社　　地　　址：上海市番禺路951号
邮政编码：200030　　电　　话：021-64071208
印　　制：上海盛通时代印刷有限公司　　经　　销：全国新华书店
开　　本：710mm×1000mm　1/16　　印　　张：14.25
字　　数：110千字
版　　次：2022年8月第1版　　印　　次：2022年8月第1次印刷
书　　号：ISBN 978-7-313-26982-9
定　　价：45.00元

序

鸿雁传书、鱼传尺素、家书抵万金……古人在书信方面留下了千古绝句，至今传诵，可见书信在信息传递的历史长河中作出的贡献和发挥的作用。

书信是人与人之间交流思想、沟通感情和传递信息的一种传统方式。在信息技术不断发展的今天，即使在天涯海角，人们之间的信息传递也可以瞬息相通。在信息传递的“快”时代，作为“慢”方式的书信，愈发珍贵。书信承载着情感和诗意，它不仅使情感更有温度、深度和力度，而且可以被珍藏，化作永久的回忆。

党的十八大以来，习近平总书记常常以书信的方式同青少年交流，为青少年成长成才指明方向，激励他们在实现中华民族伟大复兴的道路上奋勇向前。在喜迎党的二十大这个特殊且有意义的历史时刻，在《习近平书信选集》第一卷出版之际，开展学习习近平总书记书

信活动，出版青少年学习习近平总书记“回信精神”的专门读本，不仅具有重大的现实意义，而且具有重要的理论意义。

青年兴则国家兴，青年强则国家强。习近平总书记深刻指出，青年一代有理想、有本领、有担当，国家就有前途，民族就有希望。这充分彰显了以习近平同志为核心的党中央对青年一代的高度重视、亲切关怀和殷切期望。给青少年群体的回信不仅是习近平总书记关于青少年工作重要论述的重要载体，更是学思践悟习近平总书记关于青少年工作重要论述的生动素材和宝贵文献，深刻回答了“为谁培养人、培养什么人、怎样培养人”这一根本性问题。从这个意义上讲，系列回信是习近平新时代中国特色社会主义思想的生动体现，也是马克思主义基本原理同中华优秀传统文化相结合在青少年培育方面的生动表达，充分体现了习近平总书记对青少年的关怀。

本书精选了 15 封习近平总书记给不同群体的回信，按“理想信念”“民族复兴”“社会责任”“创新拼搏”四个主题进行编排。为帮助广大青少年深入学习、理解、掌握并践行习近平总书记的寄语和嘱托，编写者每一篇设计了“诵读回信”“梳理纪要”“背景扫描”“殷切期望”“脉络追寻”“当事者说”“社会反响”等模块，分析每封回信的内在逻辑，帮助广大青少年深刻领会习近平总书记的思想精髓和回信精神，从新时代的新经典中吮吸丰富的精神养料。

习近平总书记给青少年系列回信的内容，是开展思想政治教育的宝贵资源。每一封回信，不仅使传统而古老的信息传递方式在新时代焕发出勃勃生机，更是一堂堂生动有趣的大思政情景教育实践课；每一封回信，立意高远，内涵丰富，思想深刻，为青少年指明了成长方向，引导青少年树立远大理想、践行社会主义核心价值观。

作为人民城市理念的提出地，上海市杨浦区正积极践行人民城市理念、争做人民城市建设标杆。要用心用情用力用好这些宝贵资源，教育广大青少年牢记习近平总书记殷殷嘱托，坚决担负起历史和时代赋予的重任，清醒认识当前面临的机遇和挑战，朝着“四高城区”的建设目标，为实现“两个一百年”奋斗目标、实现中华民族伟大复兴的中国梦而勤奋学习、提高素养、努力奋斗。

于涛

2022年7月18日

目　录

理想信念

民族复兴

社会责任

创新拼搏

理想信念

一　给北京大学援鄂医疗队全体“90后”党员的回信[①]

诵读回信

北京大学援鄂医疗队全体“90后”党员：

来信收悉。在新冠肺炎疫情防控斗争中，你们青年人同在一线英勇奋战的广大疫情防控人员一道，不畏艰险、冲锋在前、舍生忘死，彰显了青春的蓬勃力量，交出了合格答卷。广大青年用行动证明，新时代的中国青年是好样的，是堪当大任的！我向你们、向奋斗在疫情防控各条战线上的广大青年，致以诚挚的问候！

青年一代有理想、有本领、有担当，国家就有前

① 习近平给北京大学援鄂医疗队全体“90后”党员的回信[N]. 青年报，2020-03-17(A01).

途，民族就有希望。希望你们努力在为人民服务中茁壮成长、在艰苦奋斗中砥砺意志品质、在实践中增长工作本领，继续在救死扶伤的岗位上拼搏奋战，带动广大青年不惧风雨、勇挑重担，让青春在党和人民最需要的地方绽放绚丽之花。

习近平

2020 年 3 月 15 日

梳理纪要

回信时间： 2020 年 3 月 15 日

回信字数： 291 字

回信对象： 北京大学援鄂医疗队全体“90 后”党员

对象性质： 大学生、青年党员

回信主题： 青年党员、疫情防控、勇担重任

回信背景： 新冠肺炎疫情防控

背景扫描

2020 年初，新型冠状病毒性肺炎疫情防控由地区上

升至全国。根据党中央、国务院的重大决策部署，国家卫健委立即“调兵遣将”，北京大学援鄂医疗队响应号召，火速出征，奔赴武汉疫情防控一线。3 月 10 日，在疫情防控的关键时刻，习近平总书记亲临武汉一线，充分肯定了医务人员在此次疫情防控中作出的重大贡献。北京大学第三医院两位“90 后”临时党支部书记王奔和吴超深受鼓舞，3 月 11 日，他们代表北京大学三家附属医院援鄂医疗队 34 名“90 后”党员给习近平总书记写了一封信，汇报了在抗疫一线抢救生命的情况，表达了继续发挥党员作用、为打赢疫情防控阻击战贡献力量的决心。中共中央总书记、国家主席、中央军委主席习近平 3 月 15 日给北京大学援鄂医疗队全体“90 后”党员回信，向他们和奋斗在疫情防控各条战线上的广大青年致以诚挚的问候。

2020 年新型冠状病毒性肺炎疫情

2019 年 12 月以来，湖北省武汉市持续开展流感及相关疾病监测，发现多起病毒性肺炎病例，均诊断为病毒性肺炎或肺部感染。新冠病毒的传播具有高传染性和高隐蔽性特征，疫情迅速波及全国多个省份和地区。2020 年 1 月 20 日，习近平总书记对新型冠状病毒感染

的肺炎疫情作出重要指示,强调要把人民群众生命安全和身体健康放在第一位,坚决遏制疫情蔓延势头。

北京大学援鄂医疗队

由于湖北疫情防控人力不足,中央统筹医疗资源,组成全国各省援鄂医疗队奔赴湖北。2020 年 1 月 24 日至 3 月 1 日,全国累计派出 344 支国家医疗队(其中中医医疗队 17 支、军队医疗队 3 支),共 42 322 名医务人员,医生有 11 416 人,护士有 28 679 人①。北京大学援鄂医疗队便是奋斗在援鄂疫情防控一线的其中一支队伍。在武汉的北京大学援鄂医疗队共有 406 人,由来自北京大学第一医院、北京大学第三医院、北京大学人民医院三家医院的医护人员组成,其中党员 171 人,他们在武汉成立了 11 个临时党支部,王奔和吴超是其中的两位"90 后"临时党支部书记。

殷切期望

习近平总书记在回信中饱含深情寄语和殷切嘱托,

① 姚常房,徐秉楠. 白衣执甲出征[N]. 健康报,2020-03-12(02).

“希望你们努力在为人民服务中茁壮成长、在艰苦奋斗中砥砺意志品质、在实践中增长工作本领，继续在救死扶伤的岗位上拼搏奋战，带动广大青年不惧风雨、勇挑重担，让青春在党和人民最需要的地方绽放绚丽之花”，使奋战在各条战线上的广大青年备受鼓舞，为打赢疫情防控阻击战继续奋战。这种热情的勉励、深刻的论述，让人更加真切地体会到，以习近平同志为核心的党中央始终高度重视青年、殷切期望青年，激励他们再立新功，为党和人民的事业作出新时代青年的贡献。

脉络追寻

北大“90后”青年党员：让青春绽放绚丽之花

北京大学百周年纪念讲堂对面，在庄严的国歌声中，举行了一场特殊的升旗仪式。来自武汉抗疫一线、西藏扶贫一线以及在青海、云南、新疆支教的北大青年们，与20多位北大校内师生一起，视频连线，同升国旗，分享新时代青年扎根基层、奉献国家的情怀，坚定不惧风雨、勇挑重担的信念。

北京大学医疗队“90后”党员代表神静来自北京大学第三医院。疫情发生后，她与300多名北大医护人员

一起奔赴抗疫前线，抵达武汉的第二天就进入病区战斗。她和队员们当时已在武汉同济医院中法新城院区的危重症病区连续奋战40多个昼夜。

“刚来武汉的前两周，焦虑失眠是常有的事，总是担心会拖大家后腿，辜负党和国家对我的信任。”在视频连线中，在武汉身着医护服的神静说，是在前辈们拼搏奋斗、不畏艰险的精神激励和温暖帮助下，她才得以快速成长。

“作为一名‘90后’共产党员，我一定坚定理想信念，继承医学前辈们的仁心仁术，不畏艰险，冲锋在前，舍生忘死，用青春的蓬勃力量展现新时代中国青年的责任担当，做新时代最好之青年、最好之医生！”她说。

北京大学第21届研究生支教团青海分团团长康瀚文在连线中分享了他的支教故事。在青海大通县朔山中学支教期间，他是高一两个班的化学老师。疫情期间，他和团员们积极准备线上课程，为学生们测量体温，监督他们错峰上下课，还与近50名志愿者一起，为医务人员家属提供线上课程辅导与心理疏导。

这名“90后”党员希望能用实际行动交出属于北大研究生支教团的合格答卷。“我也希望能帮助学生们树立积极的人生观和价值观，将抗疫过程中涌现的新时代青年无私奉献、冲锋在前的感人事迹传递给他们，鼓励其将来也能投入到党和人民需要的事业之中。”他说。

选调生代表、北京大学医学部毕业生陈福生，2017年毕业后选择了赴西藏基层工作，几年来一直在当地开展民政、扶贫等工作。疫情防控期间，这位“90后”党员主动取消了春节、藏历新年回家休假的计划，承担了多项基层疫情防控任务，多次深入各乡镇进行调研督导，始终战斗在战疫前线。

从刚开始的手忙脚乱、不敢开口与农牧民交流，到主动申请下沉到村，暗自练习藏语，走访入户，最终得到领导和群众的肯定……视频中，陈福生说，他在半年时间内快速成长，渐渐习惯了基层繁杂的工作，也找到了扎根基层的最大乐趣。

“我学会了在面对错综复杂的基层工作时，要常怀本领恐慌、多修务实之道，坚定从容走好基层为民服务之路，把个人的发展同国家和民族的前途命运紧紧联系在一起。我真诚希望，能为藏区发展贡献自己的力量。”陈福生说。

“奋斗吧，青年，中华民族的伟大复兴，与你我命运相连。不惧风雨，勇挑重担，我们就是奋斗的新青年……”升旗仪式上，学子们的诗朗诵在耳畔深情响起。

无论是在战疫一线、基层扶贫,还是乡村支教,北大“90后”青年党员们都在用奋斗和奉献书写着属于他们的无悔青春,让青春在党和人民最需要的地方绽放绚丽之花。

习近平总书记对新时代中国青年提出六点要求

党的十九大报告中指出,青年一代有理想、有本领、有担当,国家就有前途、民族就有希望。青年培育过硬的能力素质,要从理想、本领、担当三个方面着手。首先,坚定理想信念。理想指引人生方向,信念决定事业成败。当代青年要牢固树立中国梦的远大理想和中国特色社会主义的人生信念,这样青年的发展才有正确的方向。其次,练就过硬的本领。事业靠本领成就。中国特色社会主义事业是伟大而艰巨的,需要奋斗者具备过硬的本领。唯有练就过硬的本领,青年才能在社会主义现代化建设的伟大事业中实现人生价值。最后,青年要敢于担当。有多大担当才能干多大事业。把远大志向变成现实,既需要真学问真本领,还需要锲而不舍、驰而不息的奋斗精神和舍我其谁、一往无前的担当精神。青年要敢想敢干、敢试敢闯,努力在改革开放中闯新路、创新业,不断开辟事业发展新天地。

在纪念五四运动100周年大会讲话中，习近平总书记指出，青年是整个社会力量中最积极、最有生气的力量，国家的希望在青年，民族的未来在青年。新时代中国青年处在中华民族发展的最好时期，既面临着难得的建功立业的人生际遇，也面临着“天将降大任于斯人”的时代使命。新时代中国青年要继续发扬五四精神，以实现中华民族伟大复兴为己任，不辜负党的期望、人民期待、民族重托，不辜负我们这个伟大时代。

习近平总书记对新时代中国青年提出六点要求：

一是要树立远大理想，树立对马克思主义的信仰、对中国特色社会主义的信念、对中华民族伟大复兴中国梦的信心，到新时代新天地中去，让青春在创新创造中闪光。

二是要热爱伟大祖国，听党话、跟党走，胸怀忧国忧民之心、爱国爱民之情，以一生的真情投入、一辈子的顽强奋斗来体现爱国主义情怀，让爱国主义的伟大旗帜始终在心中高高飘扬。

三是要担当时代责任，让青春在新时代改革开放的广阔天地中绽放，让人生在实现中国梦的奋进追逐中展现出勇敢奔跑的英姿，努力成为德智体美劳全面发展的社会主义建设者和接班人。

四是要勇于砥砺奋斗，勇做走在时代前列的奋进者、开拓者、奉献者，在劈波斩浪中开拓前进，在披荆斩棘中开辟天地，在攻坚克难中创造业绩，用青春和汗水创造出让世界刮目相看的新奇迹。

五是要练就过硬本领，增强学习紧迫感，努力学习马克思主义立场观点方法，努力掌握科学文化知识和专业技能，努力提高人文素养，以真才实学服务人民，以创新创造贡献国家。

六是要锤炼品德修为，自觉树立和践行社会主义核心价值观，明大德、守公德、严私德，追求更有高度、更有境界、更有品位的人生，让清风正气、蓬勃朝气遍布全社会。

当事者说

“很意外，也很激动！没想到习近平总书记这么快给我们回信了！”当时在北京大学援鄂医疗队北医三院分队驻地的王奔，在说起这件事时一脸兴奋。王奔说，他们在信中汇报了北京大学援鄂医疗队在前线的工作，表达了“90后”不怕吃苦、不怕牺牲的坚定信心。“现在是战疫的关键时刻，请习近平总书记放心，我们一定发挥党员的先锋模范作用，贡献‘90后’的青春力量！”王奔说。

“习近平总书记在回信中说‘让青春在党和人民最需要的地方绽放绚丽之花’，这句话很激励我。”1997 年出生的北医三院心脏外科监护室护士刘金鹏是北大医疗队年龄最小的队员。作为一名党员，他在 2020 年 1 月 26 日就主动请缨来到武汉前线，一直奋战在 ICU 病房。插管、吸痰这些又苦又累又有风险的活儿，他都抢着干。2 月 4 日生日那天，他也是在病房度过的。“我今年 23 岁，武汉的经历让我的青春更有意义！”刘金鹏说。

“习近平总书记的回信，让我这个‘90 后’感到很自豪！”1991 年出生的北医三院消化科医生陆洁平说，“这段时间以来，我在战疫前线学到了很多，成长了很多，将来我一定会把在这里学到的不畏艰险、勇挑重担的精神带回工作岗位。”①

社会反响

习近平总书记在给北京大学援鄂医疗队全体“90 后”党员的回信中指出：“在新冠肺炎疫情防控斗争中，

① 汪晓东，等. 北京大学援鄂医疗队全体“90 后”：三十而立，我们立住了！[N]. 人民日报，2020 - 03 - 17.

你们青年人同在一线英勇奋战的广大疫情防控人员一道,不畏艰险、冲锋在前、舍生忘死,彰显了青春的蓬勃力量,交出了合格答卷。广大青年用行动证明,新时代的中国青年是好样的,是堪当大任的!”

是的,这场彪炳史册、壮阔恢宏的防疫阻击战,必将成为新时代中国青年的“成人礼”,必将成为激励一代又一代青年前赴后继、为国奉献的“里程碑”。曾几何时,在老一辈看来,这些出生在改革开放后富裕年代的孩子,没有经历过战乱,没有忍受过饥饿,似乎很难指望这些少不更事的孩子能扛住什么风雨,然而事实给人们上了生动一课。在4.2万余名驰援湖北的医护人员中,有1.2万多名是“90后”,其中相当一部分还是“95后”甚至“00后”,更有千千万万青年日夜奋战在疫情防控的各条战线、各个关口、各个岗位。他们主动请战、冲上前线、披荆斩棘、勇挑重担,留下了一个个刚毅果敢、充满活力的身影。“90后”“00后”这些所谓“温室里的花朵”“娇滴滴的一代”,用实际行动证明自己是抗疫战场上的勇士,为祖国和人民撑起了一片天。

而习近平总书记的这封回信,正是对新时代的中国青年的高度肯定,同时提出殷切期望。北京大学第一医院感染科“90后”医师钱建丹看到回信备受鼓舞,在抗疫前线火线入了党。在武汉近40天的抗疫工作中，她感到自己“再一次近距离地、直观地感受到党员的先锋模范作用”。她说：“能够在战疫一线火线入党，我感到无比光荣！”

“习近平总书记的回信极大地鼓舞了我！”1990年出生的北京大学人民医院创伤中心主治医生刘中砥说，自己在做的都是很普通的救治工作，能得到习近平总书记的认可和鼓励，非常高兴和自豪，“在接下来的抗疫斗争中，我要继续保持昂扬斗志，不战胜疫情，决不收兵！”

新时代的中国青年是好样的！在这场人民战疫中，广大青年用实际行动充分证明，他们是有远大理想的一代，是有家国情怀的一代，更是能担当大任的一代！正如习近平总书记所坚信的，经过抗疫战火淬炼的中国青年，一定能不惧风雨、勇挑重担，在党和人民最需要的地方绽放出更加绚丽的青春光芒！

二　给复旦大学《共产党宣言》展示馆党员志愿服务队全体队员的回信[①]

诵读回信

复旦大学《共产党宣言》展示馆党员志愿服务队全体同志：

来信收悉。100年前，陈望道同志翻译了首个中文全译本《共产党宣言》，为引导大批有志之士树立共产主义远大理想、投身民族解放振兴事业发挥了重要作用。现在，你们积极宣讲老校长陈望道同志追寻真理的故事，传播马克思主义理论，是一件很有意义的事情。希望你们坚持做下去、做得更好。

① 习近平给复旦大学青年师生党员回信——希望《共产党宣言》展示馆党员志愿服务队全体人员继续讲好关于理想信念的故事[N].上海文汇报，2020－07－01(10).

心有所信，方能行远。面向未来，走好新时代的长征路，我们更需要坚定理想信念、矢志拼搏奋斗。希望广大党员特别是青年党员认真学习马克思主义理论，结合学习党史、新中国史、改革开放史、社会主义发展史，在学思践悟中坚定理想信念，在奋发有为中践行初心使命，努力为实现“两个一百年”奋斗目标、实现中华民族伟大复兴的中国梦贡献智慧和力量。

习近平

2020年6月27日

梳理纪要

回信时间： 2020年6月27日

回信字数： 326字

回信对象： 复旦大学《共产党宣言》展示馆党员志愿服务队全体队员

对象性质： 大学生、青年党员

回信主题： 青年党员、理论学习、“四史”学习

回信背景： “七一”建党节

背景扫描

2020年“七一”建党节前夕,中共中央总书记、国家主席、中央军委主席习近平给复旦大学《共产党宣言》展示馆党员志愿服务队全体队员回信,勉励他们继续讲好关于理想信念的故事,并对全国广大党员特别是青年党员提出殷切期望。①

《共产党宣言》

《共产党宣言》(又译《共产主义宣言》)是马克思和恩格斯为共产主义者同盟起草的纲领,全文贯穿马克思主义的历史观,是马克思主义诞生的重要标志,由马克思和恩格斯执笔写成。1848年2月21日在伦敦第一次以单行本问世。2月24日,《共产党宣言》正式出版。

《共产党宣言》第一次全面系统阐述科学社会主义理论,指出共产主义运动将成为不可抗拒的历史潮流。

2015年11月,《共产党宣言》被评为最具影响力的20本学术书之一。2022年,《共产党宣言》发表174周

① 姜泓冰,曹玲娟.习近平给复旦大学青年师生党员回信勉励广大党员——在学思践悟中坚定理想信念　在奋发有为中践行初心使命[N].人民日报,2020-07-01(01).

年，回望《共产党宣言》诞生以来的174年，人类社会见证种种思潮的激荡，经历无尽的风云变幻，始终不变的是对和平幸福的美好追求。

《共产党宣言》展示馆党员志愿服务队

《共产党宣言》展示馆所在的上海市杨浦区国福路51号，是复旦大学老校长陈望道的寓所。2018年5月，复旦大学将陈望道故居改造为《共产党宣言》展示馆，该校一批青年教师和学生组建党员志愿服务队，面向广大师生和社会各界开展宣讲活动。复旦大学《共产党宣言》展示馆党员志愿服务队队名为“星火”，由该校青年教师、博士生、硕士生党员组成。截至2020年7月，两年多时间里，志愿服务队共服务学校及社会各界参观者近5万人次，年均讲解700多场。

陈望道

陈望道（1891—1977），原名参一，单名融，字任重，笔名佛突、雪帆、晓风、张华等。他是我国现代著名的思想家、社会活动家、教育家和语言文学家，五四新文化运动的积极推动者，《共产党宣言》首个中文全译本的翻译者，也是中华人民共和国成立后复旦大学的第一任

校长。

殷切期望

习近平总书记的回信，以复旦大学老校长陈望道的事迹为青年学子树立追寻真理的榜样，用“心有所信，方能行远”为青年党员指明前行的方向，体现了习近平总书记对青年成长的殷切希望，必将极大鼓舞新时代的广大青年为中国特色社会主义事业贡献青春的光和热。习近平总书记在回信中殷切期望：“希望广大党员特别是青年党员认真学习马克思主义理论，结合学习党史、新中国史、改革开放史、社会主义发展史，在学思践悟中坚定理想信念，在奋发有为中践行初心使命，努力为实现‘两个一百年’奋斗目标、实现中华民族伟大复兴的中国梦贡献智慧和力量。”

脉络追寻

“真理的味道非常甜”

陈望道，1891 年出生，浙江义乌人。1915 年留学日本。在日本求学的 4 年多时间里，他结识了日本进步学者、共产主义活动家河上肇、山川均等人，并逐渐接触阐述马克思主义理论的书籍与文章。

1919 年 5 月，陈望道回国，被浙江第一师范学校聘为国文教员。时值五四运动风起云涌，陈望道与进步师生一起积极投身其中。他提倡新道德、白话文，反对旧道德、旧文学，成为“一师风潮”的中心人物。1920 年初，陈望道来到上海，在《民国日报》副刊《觉悟》任主编，还参加了上海共产主义小组出版的内部理论刊物《共产党》的创刊工作。

已经具备较高中文文学素养和马克思主义理论水平，且精通日语的陈望道，当得知自己承担翻译《共产党宣言》的任务后，激动之余又倍感使命光荣、任务艰巨。

为了专心致志翻译好《共产党宣言》，1920 年早春，陈望道携带此书英译本和日译本秘密回到家乡浙江省义乌市分水塘村。这是一个非常贫穷落后的小山村，回到家后的陈望道住在一间小柴屋里，条件异常艰苦。在这样的环境下，陈望道如饥似渴、夜以继日地钻研书中所蕴含的马克思主义思想精髓，字斟句酌、反复推敲中文版本的字词语句，力求贴切、精准、生动。

一天，陈望道的母亲特意为儿子包了粽子改善伙食，并叮嘱他吃粽子时记得蘸红糖水。过了一会儿，母亲在门外问道：“粽子吃了吗？”他答道：“吃了吃了，可甜

了。”母亲不放心，推门去看，结果发现儿子正奋笔疾书，嘴上全是墨水，手边的红糖水却一口未动。原来，陈望道过于聚精会神，竟错把墨水当作红糖水，吃完也浑然不觉。

《共产党宣言》中译本，陈望道译

经过两个多月的呕心沥血，近两万字的《共产党宣言》中文版终于翻译完成，这在陈望道心中真可谓“真理的味道非常甜”。

一本《共产党宣言》，滋养了一代又一代中国共产党人

“一个幽灵，共产主义的幽灵，在欧洲大陆徘徊……”在人类卷帙浩繁的书籍中，这句开篇语广为传颂。

1848 年 2 月 21 日，《共产党宣言》单行本问世，3 天后正式出版。这本只有薄薄 23 页的小册子，宣告了伟大的马克思主义的诞生。100 多年来，《共产党宣言》被翻译成 200 多种文字、数千个版本，成为世界上发行量最大的书籍之一。

1920 年 8 月，陈望道翻译的《共产党宣言》在上海出版。当时全译本首印 1 000 册，封面是水红色马克思微侧半身像，刚上市就销售一空。一个有意思的细节是，首印的《共产党宣言》标题还错印成了“共党产宣言”，这成了版本鉴定的重要依据。

这是中国第一次公开出版《共产党宣言》全文，距原本问世已过去 72 年。在欧洲大陆，各国工人用马克思主义武装自己，掀起声势浩大的革命运动，取得了政治选举权、8 小时工作制、劳工立法等过去不可能取得的一系列重大胜利。

但马克思也许想不到，这个“幽灵”跨越万水千山来到中国，在一批中国青年心里树立信仰的灯塔。若干年后，在陕北会见美国记者斯诺时，毛泽东提到，“有三本书特别深刻地铭记在我的心中，使我树立起对马克思主义的信仰”。这三本书中，就有陈望道翻译的《共产党宣言》。

在《共产党宣言》中译本出版的第二年，伟大的中国共产党诞生。

若以汉字计，《共产党宣言》仅约 2.5 万字。但在革命战争年代，许多人把它看得比生命还重要。这本薄薄的小册子，毛泽东“看了不下 100 遍”，周恩来视之为“贴

身伙伴”，朱德临终前仍不忘读新译本，邓小平称其是“入门老师”……从梁家河到中南海，《共产党宣言》到《德意志意识形态》，再到《资本论》与《哥达纲领批判》，马列著作始终是习近平书单中的重点。

《共产党宣言》阐述的一般原理整个来说是正确的，但不能要求它对170多年后人类社会发展提出的所有具体问题都提供现成答案，要以科学的态度对待科学，以真理的精神追求真理，不断赋予马克思主义以新的时代内涵。

2048年《共产党宣言》发表200周年之时，正值我们全面建成社会主义现代化强国、实现中华民族伟大复兴的关键时期。届时，中国共产党人和中国人民将以自己的壮举，进一步证明马克思主义的科学性、真理性、预见性。

当事者说

“正如习近平总书记回信所说，我们一直在积极宣讲老校长陈望道同志追寻真理的故事，传播马克思主义理论。这是我们这支队伍的使命担当。”志愿服务队队长、新闻学院2018级博士生钱威丞表示，志愿服务队要走的路还很长，最紧要的是加强人才培养，完善青年马克思主义者的全链条培养。

复旦大学马克思主义学院博士生陆婷婷是《共产党宣言》展示馆“001”号学生讲解员，她说：“我们一定牢记习近平总书记嘱托，‘坚持做下去、做得更好’！”

“我是以专职辅导员身份加入志愿服务队的，希望以实际行动带领学生做坚定信仰者、积极传播者、踏实践行者，代代传承红色基因。”环境科学与工程系专职辅导员王静怡表示。①

薪火相传，信以致远。2022 年 6 月 30 日，复旦大学在邯郸校区逸夫科技楼举行庆祝中国共产党成立 101 周年暨学习习近平总书记重要回信两周年座谈会。复旦大学“星火”党员志愿服务队队长许亚云表示，两年来，队员们始终牢记习近平总书记的鼓励与鞭策，就如何讲述陈望道追寻真理的故事、如何做好“宣言精神”的忠实传人进行多方面探索和尝试，队伍建设学向深处、行向远处，锻造信念如磐，理论讲解守正创新、与时俱进，传播真理如炬，关键时刻冲锋在前、带动有力，锤炼担当如铁。未来，队伍将做好厚植理想信念、赓续红色

① 姜泓冰，曹玲娟. 习近平给复旦大学青年师生党员回信勉励广大党员——在学思践悟中坚定理想信念　在奋发有为中践行初心使命[N]. 人民日报，2020－07－01(01).

血脉的领头雁，做好传承真理、播撒红色种子的宣讲员，做好善于担当作为、凝聚青年力量的先锋队，带领广大复旦青年学子踔厉奋发、笃行不怠。

“志存高远方能登高望远，胸怀天下方能大展宏图！”作为“望道”党史研习社的一枚“小火苗”，彭枭瀚说，习近平总书记的殷殷寄语和谆谆教诲深刻在他心中，在与复旦“星火”大哥哥大姐姐们的牵手共学中，他愈发体味到真理的甘甜。

社会反响

认真学习习近平总书记的回信，有近 20 年志愿服务经历、在中共一大会址纪念馆担任宣誓教育志愿者的傅向东难掩激动：“习近平总书记在回信中对广大党员特别是青年党员提出殷切期望。我是老党员，总想要更多年轻人来了解党的历史，坚定理想信念。”

时任共青团上海市委书记王宇说，习近平总书记的勉励语重心长，“我们要广泛组织广大团员青年贯彻落实回信精神，筑牢信仰根基，在‘四史’教育中汲取前进力量”。

“习近平总书记的回信为我们做好新时代青少年学生思想政治教育指明了方向。”上海市教卫工作党委书记沈炜表示，上海全面开展“四史”学习教育，将党史、新中国史、改革开放史、社会主义发展史有机融入中小学学科课程，有机融入高校思想政治课和"课程思政"教学，有机融入主题党团日和学生会、学生社团活动等日常教育活动，加强学生融入式、体验式教育，让学生在重温红色基因孕育发展过程中激发爱党、爱国、爱社会主义的真挚情感。①

2020年7月2日，上海市委书记李强走进《共产党宣言》展示馆，与党员志愿服务队代表亲切交流，倾听他们学习领会习近平总书记重要回信精神，努力做《共产党宣言》精神忠实传人的心得体会和坚定决心。李强说：这样的主题党日活动特别有意义。在庆祝中国共产党成立99周年之际，习近平总书记给复旦大学《共产党宣言》展示馆党员志愿服务队全体队员亲切回信，勉励大家继续讲好理想信念的故事，并对学习党史、新中国史、改革开放史、社会主义发展史作出重要指示。大家要深入学习领会，认真贯彻落实，结合"四史"学习教育，常学常新、不断感悟，进一步汲取精神力量、升华理想信念，增强发展信心、矢志拼搏奋斗。心有所信，方能行远。要结合贯彻落实十一届市委九次全会精神，把

① 姜泓冰，曹玲娟. 习近平给复旦大学青年师生党员回信勉励广大党员——在学思践悟中坚定理想信念　在奋发有为中践行初心使命[N]. 人民日报，2020-07-01(01).

“四史”学习教育成果转化为常态化疫情防控和经济社会发展的扎实行动，切实凝聚起全市上下建设人民城市的磅礴伟力，奋力创造新时代上海发展新奇迹。《共产党宣言》展示馆党员志愿服务队要更好发挥作用，用心用情宣讲好老校长陈望道同志追寻真理的故事，传播好马克思主义理论，传递好中国共产党人信仰的力量，让大家更加深切感悟“中国共产党为什么能”“马克思主义为什么行”“中国特色社会主义为什么好”。要充分依托平台优势、理论优势，创新宣讲方式方法，为发掘弘扬上海红色文化作出更大贡献。①

① 李强.深入学习领会认真贯彻落实总书记重要回信精神　常学常新不断感悟　心有所信方能行远[N].解放日报，2020-07-02(01).

三　给江苏省淮安市新安小学少先队员的回信[①]

诵读回信

淮安市新安小学五(8)中队的少先队员们：

你们好！收到你们的来信很高兴。你们学校是“新安旅行团”的母校，你们在信中表达了对学校红色历史的自豪之情，也说到了你们学习党史的收获。

当年，在党的关怀和领导下，“新安旅行团”不怕艰苦，足迹遍及大半个中国，以文艺为武器，唤起民众抗日救亡，宣传党的主张，展现了爱国奋进的

---

① 习近平给江苏省淮安市新安小学少先队员的回信[EB/OL].(2021-05-31)[2022-07-12]. https://www.ccps.gov.cn/xtt/202105/t20210531-149000.shtml.

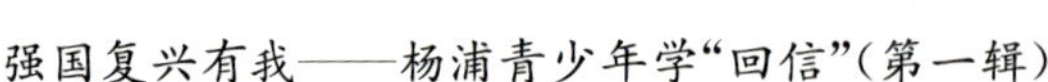

精神风貌。希望你们结合自身成长实际学好党史，以英雄模范人物为榜样，从小坚定听党话、跟党走的决心，刻苦学习，树立理想，砥砺品格，增长本领，努力实现德智体美劳全面发展。

“六一”国际儿童节就要到了，我祝你们、祝全国小朋友们节日快乐！

习近平

2021年5月30日

梳理纪要

回信时间：2021年5月30日

回信字数：274字

回信对象：淮安市新安小学五（8）中队的少先队员们

对象性质：少先队员

回信主题：当代少先队员、学好党史、爱国奋进

回信背景：“六一”国际儿童节

背景扫描

江苏省淮安市新安小学五（8）中队的少先队员们给

习近平总书记写信，汇报学习校史和党史的收获体会，表达了传承红色基因、争做新时代好少年的决心。

2021 年，习近平总书记给江苏省淮安市新安小学五(8)中队的少先队员们回信，高度赞扬“新安旅行团”不怕艰苦，以文艺为武器，唤起民众抗日救亡，宣传党的主张，展现了爱国奋进的精神风貌，并对淮安市新安小学五(8)中队的少先队员们予以亲切勉励，祝他们和全国小朋友们节日快乐。

习近平总书记的回信，充分体现了以习近平同志为核心的党中央对少年儿童的亲切关爱、对江苏工作的深切关怀、对党史学习教育的高度重视。

新安小学

新安小学是一所百年老校，由人民教育家陶行知在 1929 年创办，是著名的少年儿童革命团体——新安旅行团（简称“新旅”）的母校。1935 年 10 月，学校 14 名学生在校长汪达之的带领下组成“新安旅行团”，以文艺为武器，宣传抗日救亡，历时 17 年，行程 5 万余里，足迹遍及全国 22 个省份，努力为争取抗战胜利、全国解放作贡献，受到毛泽东、周恩来、刘少奇等老一辈革命家的称赞，被誉为“中国少年儿童运动史上的一面旗帜”“民族

解放的小号手”。① 这段红色历史始终激励着新安小学的同学们,也让大家萌发了给习近平总书记写封信的想法。

党史学习教育

2021 年 2 月 20 日,党史学习教育动员大会在北京召开。中共中央总书记、国家主席、中央军委主席习近平出席会议并发表重要讲话。他强调,在全党开展党史学习教育,是党中央立足党的百年历史新起点、统筹中华民族伟大复兴战略全局和世界百年未有之大变局、为动员全党全国满怀信心投身全面建设社会主义现代化国家而作出的重大决策。全党同志要做到学史明理、学史增信、学史崇德、学史力行,学党史、悟思想、办实事、开新局,以昂扬姿态奋力开启全面建设社会主义现代化国家新征程,以优异成绩迎接建党一百周年。

我们党历来重视党史学习教育,注重用党的奋斗历程和伟大成就鼓舞斗志、明确方向,用党的光荣传统和优良作风坚定信念、凝聚力量,用党的实践创造和历史

① 石平洋.“新旅”:一群爱国奋进的小好汉[N].学习时报,2022-02-11(A3).

经验启迪智慧、砥砺品格。党的十八大以来，党中央高度重视学习党的历史，提出了一系列要求。在庆祝我们党百年华诞的重大时刻，在“两个一百年”奋斗目标历史交汇的关键节点，在全党集中开展党史学习教育，正当其时，十分必要。

爱国主义

爱国主义是指个人或集体对祖国的一种积极和支持的态度，揭示了个人对祖国的依存关系，是人们对自己家园以及民族和文化的归属感、认同感、尊严感与荣誉感的统一。集中表现为民族自尊心和民族自信心，为保卫祖国和争取祖国的独立富强而献身的奋斗精神。爱国主义不仅体现在政治、法律、道德、艺术、宗教等各种意识形态和整个上层建筑之中，而且渗透到社会生活的各个方面，成为影响民族和国家命运的重要因素。爱国主义是中华民族的民族心、民族魂。

殷切期望

习近平总书记的回信以“新安旅行团”群体为榜样，用学好党史、爱国奋进为当代中国少先队员的成长指明了方向，必将鼓舞广大少先队员学好党史，坚定理想信

念。习近平总书记在回信中提出了殷切期望：“希望你们结合自身成长实际学好党史，以英雄模范人物为榜样，从小坚定听党话、跟党走的决心，刻苦学习，树立理想，砥砺品格，增长本领，努力实现德智体美劳全面发展。”

脉络追寻

新安旅行团

新安旅行团的母校是位于淮安河下莲花街的新安小学，由伟大的人民教育家陶行知于 1929 年创办并担任校长。

1935 年，在国难日益深重、民族危亡的关键时刻，新安小学 14 名学生组成了新安旅行团，奔赴抗日救亡的战场。14 名团员中年龄最大的 20 岁，最小的只有 12 岁。这些学生以文艺为武器，以各种形式支援前线，唤醒广大民众，共赴国难。

1938 年春，徐志贯等三名新旅团员骨干加入了中国共产党，并在团内秘密建立党支部。同年 6 月底，他们来到抗战重镇武汉，开展大量的宣传保卫武汉的活动，积极动员民众支持前线。

皖南事变后，桂林一片白色恐怖，遵照周恩来的指示，新安旅行团从桂林经香港、湛江、上海秘密转移到苏北盐阜地区。刘少奇、陈毅等领导亲切接见了新旅团员们，并把组织 10 万儿童支援抗战的工作交给他们。经过努力，新安旅行团很快在阜宁、盐城、淮安等地组织起 18 万名儿童团员，为华中的抗战胜利作出了贡献。

新安旅行团的英勇壮举受到毛泽东、周恩来、刘少奇等党和国家领导人的亲切关怀和高度赞扬。1946 年 5 月 20 日，毛泽东主席亲笔为新安旅行团全体团员复信："新安旅行团各位同志们：来信收到，极为感谢！祝你们努力工作，继续前进，争取民主中国的胜利。"①

在毛泽东、周恩来等老一辈革命家的关怀指导下，诞生在抗日烽火中、前进在党的旗帜下的新安旅行团，历时 17 年的革命征程，途经全国 22 个省份，行程 5 万余里，队伍壮大到 600 多人。他们将自己的命运和国家的命运、民族的命运结合在一起，形成了中国革命大军中的一支生产队、工作队和文艺宣传队，为抗战胜利和

① 石平洋．"新旅"：一群爱国奋进的小好汉[N]．学习时报，2022－02－11(A3)．

新中国建立作出了巨大贡献！在中国少年儿童运动史上书写了光辉的一页！①

自古英雄出少年

在革命战争年代的艰苦岁月里，他们是小红军、小八路，或是小游击队员。他们虽然年龄小，却和大人一样，顽强拼搏，流血牺牲，以不屈不挠、舍生忘死的革命精神，用自己的实际行动为中华人民共和国的成立作出了突出贡献。他们的身上闪烁着崇高和美好的爱国主义、英雄主义的光华。

“小兵张嘎”

小兵张嘎的原型叫“瞪眼虎”。“瞪眼虎”不是山中猛虎，而是一个人的乳名。此人本名韩志诚，生于 1928 年 6 月，河北省赵县大马村人。他出生的时候，父亲看他长着一双大眼睛，虎头虎脑，就给他起了个乳名“瞪眼虎”。有时，人的乳名叫响了，甚至会把本名忘了，“瞪眼虎”就是被人把本名叫丢了的人。“瞪眼虎”十三四岁时，就当上了小侦察员，而且屡建奇功，在邻近几个县声名远扬，

① 总书记回信中提到的“新安旅行团”的红色历史[EB/OL].(2021-06-01)[2022-05-17].https://www.xuexi.cn/lgpage/detail/index.html?id=6053842893448816805.

是带有传奇色彩的英雄人物。他被作家徐光耀写进了小说《平原烈火》,接着又成为《小兵张嘎》中嘎子的原型。“瞪眼虎”的父亲早年因吸食大烟去世,家道败落,母亲一个人拉扯三个儿子,吃了上顿没下顿。后来,八路军的队伍从村里经过,母亲把大哥韩志勤送到队伍上后,便一手拉着10岁的韩志诚,一手拉着弟弟靠逃荒要饭为生。

1942年秋天,娘仨讨饭来到与大马村相邻的前大章村,这个村是八路军根据地,冀中六分区第44地区队就在这一带活动。这天,政委康万聚正和赵县县大队领导研究反“清剿”,“瞪眼虎”冒冒失失就闯了进来。他看见身穿紫花布衣裤、腰挎盒子炮的政委便缠住要吃要喝、要当八路。康万聚看这孩子长得机灵,觉得他如果搞起侦察来会起到成年人起不到的特殊作用,便想留他参军。县大队的领导也觉得“瞪眼虎”是块侦察员的料儿,两家争抢着要,康万聚忍痛割爱成全了县大队,从此,县大队多了一位小侦察员。

一次,县大队派“瞪眼虎”和另外两个小侦察员去大吕村送信。走到半路上,身后传来阵阵自行车的声响,和“瞪眼虎”一起的小侦察员喊道:“干什么的?”“你们是干什么的?”那人反问道。“我们是送信的。”小侦察员失口说道。话音未落,骑自行车的人就到了他们跟前,原

来是个伪军！那人拉了一把枪栓，黑洞洞的枪口逼住了他们：“给谁送信，是小八路吧？跟我走！”伪军觉得他们是几个孩子，掉以轻心了，并没有搜身。他肩背枪、手推车押着三个小侦察员往炮楼方向走。“瞪眼虎”假装提鞋，落在后面，然后很快掏出了藏在身上的手枪，“啪”的一枪结束了伪军的性命。三个小家伙，七手八脚摘下长枪，推起倒地的自行车，一溜烟返回了营地。

“小萝卜头”①

小萝卜头名叫宋振中，一岁时和妈妈一起被国民党抓进白公馆监狱。由于终年住在阴暗、潮湿的牢房，吃着发霉的饭菜，他长到八九岁时，个头只有四五岁孩子那么高，成了一个大脑袋细身子的孩子，被难友们称为“小萝卜头”。小萝卜头六岁时，由同监狱的黄显声教他念书，学习语文、算术、俄文和图画。小萝卜头学习非常刻苦，每门功课都学得很好。他九岁生日那天，黄显声送他一支铅笔，这礼物太珍贵了，他很少用，每天都在牢房地上用小石头写呀画呀。他还经常帮大人做秘密工作。淮海战役胜利的消息传到监狱后，就是他在

① 盘点为革命牺牲的未成年烈士：小萝卜头仅9岁[EB/OL].（2011－12－05）[2022－07－14]. http://www.wenming.cn/hswh/hhsh/201112/t20111205_410971_2.shtml.

男牢、女牢间传递的。特务在旁边时，他就和黄显声说俄文，特务听不懂，只好干瞪眼。

1949年9月6日，凶残的敌人用刺刀杀害了小萝卜头的父母。小萝卜头愤怒地喊着："我没有罪，我要出去！"丧尽天良的刽子手扼住他的喉咙，用带血的屠刀刺进他的胸口……小萝卜头牺牲时只有9岁，是我国年龄最小的烈士。

当事者说

江苏省淮安市新安小学少先队员杨路然说："习爷爷的回信，是'六一'儿童节最好的礼物，我为学校的红色历史感到自豪。我们一定要继承和发扬好'新安旅行团'精神，把自己的梦想和祖国的命运紧密联系在一起。"①

"习近平总书记充分肯定了新安旅行团为民族觉醒、宣传革命所作出的贡献，勉励同学们传承新安旅行团爱国奋进的精神风貌，这让我们老团员受到了鼓舞和激励。"86岁的新安旅行团老团员张承明激动地说，许多

① 杜沂蒙.习近平总书记给江苏省淮安市新安小学少先队员的回信引起强烈反响[N].中国青年报，2021-06-03(02).

健在的老团员们至今退而不休，仍在社区、剧院、福利机构从事、指导文艺宣传工作，“‘新旅’教导我们把自身命运与民族兴衰结合在一起，引导我们走上了爱党爱国、追求奉献的人生道路，希望母校的孩子们在干中学、在学中干，继续传承发扬‘新旅’的精神，为祖国发光发热，让‘新旅’的红色火炬代代相传”。①

社会反响

2021年5月30日以来，习近平总书记热情洋溢的回信在社会各界特别是少先队员中引发强烈反响。

云南省贡山县独龙江九年一贯制学校少先队员张舒尔说：“我的家乡坐落在祖国的西南边陲，通过学习党史我收获很大，知道了是中国共产党帮助我们过上了好日子。我们一定要好好学习、天天向上，不辜负习爷爷的殷切期望。”

山西省阳泉市郊区开发区联合学校实验小学少先队员王熠璇说：“作为一名红领巾讲解员，我有幸参与了‘红领巾爱学习’网上主题队课节目的录制，向全国小朋

① 王拓，杨频萍，等. 习近平总书记给新安小学的回信在江苏引起热烈反响：扎实开展党史学习教育，让红色基因代代相传[N]. 新华日报，2021-06-01(3).

友讲述了发生在我家乡的‘百团大战’的故事。习爷爷的回信激励我努力学好党史，传承红色基因，争做新时代好队员。”

内蒙古乌海市乌达区团结路小学少先队员金泉说：“习爷爷在百忙之中还惦记我们少先队员的学习成长，我一定要牢记习爷爷的话，刻苦学习，长大后做一个对国家有用的人。”

浙江省嘉兴市秀城实验教育集团吉水小学少先队员林穆资说：“我们少先队员是祖国的未来，习爷爷的回信让我对少先队的光荣使命有了更深刻的认识，我要以实际行动来回报祖国和人民，不辜负少先队员这个光荣的称号！”

福建省泉州市实验小学五(7)中队涂可馨说：“怀着同淮安小朋友一样激动的心情，我认真读完了这封回信。作为新时代的好队员，我们一定要牢记习爷爷的期望和嘱托，从小坚定听党话、跟党走的决心，为实现中华民族伟大复兴的中国梦而努力学习。”

山东省济南市历城区唐冶小学少先队员韩梓璇说：“党和国家给予了我们少先队员很多关爱，我感恩能够生在一个强大的祖国，将来我要成为实现中华民族伟大复兴的生力军。”

河南省鹤壁市湘江小学少先队员韩予泽说:“我们少先队员学党史能得到习爷爷的表扬,真是太了不起了! 红领巾是红旗的一角,我要多向革命先辈们学习,传承红色基因,为红领巾增光添彩。”①

① 杜沂蒙.习近平总书记给江苏省淮安市新安小学少先队员的回信引起强烈反响[N].中国青年报,2021-06-03(02).

民族复兴

四　给北京大学考古文博学院2009级本科团支部全体同学的回信[①]

诵读回信

北京大学考古文博学院2009级本科团支部全体同学：

来信收悉。得知你们近一年来不仅校园学习取得新的进步，而且在野外考古实习中很有收获，甚为欣慰。从字里行间，我感受到了你们立志为实现中华民族伟大复兴的中国梦而奋斗的决心和信心。

你们在信中写到，中国梦让你们感受到了一份同心奋进的深沉力量，让你们更加懂得了当代青年所肩负的历史责任。说得很好。中国梦是国家的

① 给北京大学考古文博学院2009级本科团支部全体同学的回信[J].北京大学校报，2013-05-05(01).

梦、民族的梦，也是包括广大青年在内的每个中国人的梦。“得其大者可以兼其小。”只有把人生理想融入国家和民族的事业中，才能最终成就一番事业。希望你们珍惜韶华、奋发有为，勇做走在时代前面的奋进者、开拓者、奉献者，努力使自己成为祖国建设的有用之才、栋梁之材，为实现中国梦奉献智慧和力量。

五四青年节即将来临，我向你们致以节日的问候。

习近平

2013年5月2日

梳理纪要

回信时间： 2013年5月2日

回信字数： 310字

回信对象： 北京大学考古文博学院2009级本科团支部全体同学

对象性质： 大学生、青年团员

回信主题： 青年团员、中国梦

回信背景：五四青年节

背景扫描

2013年5月2日，在北京大学115周年校庆前夕，习近平总书记给北京大学考古文博学院2009级本科团支部全体同学回信。这封热情洋溢的回信，像春风，像春雨，滋润着燕园，给北京大学考古文博学院2009级本科团支部全体同学和北大师生极大的鼓舞和激励。

北京大学考古文博学院

北京大学建立了我国高等院校中的第一个考古学专业，考古文博学院在此基础上成立、发展、壮大，这一方面是北京大学很早就开始的考古教学与研究活动的继续，另一方面是我国亟须培养考古文博人才的必然要求。

北大考古学专业积极承担国家文物事业战略规划、政策法规、标准体系、流失文物追索、人才培养和遗产活化展示利用等重大任务，为国家文化传承创新试验区、国家文物保护利用示范区建设及申请世界文化遗产工作提供基础研究、咨询报告和政策建议，做出前沿成果，提升学术话语权,为中国特色考古学科发展提供理论方法体系支撑,推动国家考古文博事业发展。

殷切期望

五四青年节前夕,北京大学考古文博学院2009级本科团支部全体同学于2013年4月28日给习近平总书记写信,汇报了他们近一年来的学习、生活、思想情况,特别是关于中国梦的认识和体会。习近平总书记在回信中指出,中国梦是国家的梦、民族的梦,也是包括广大青年在内的每个中国人的梦。"得其大者可以兼其小。"只有把人生理想融入国家和民族的事业中,才能最终成就一番事业。回信激励着青年学生与祖国同行、为人民奉献,以青春梦想、用实际行动为实现中国梦作出新的更大贡献。习近平总书记提出殷切希望:希望你们珍惜韶华、奋发有为,勇做走在时代前面的奋进者、开拓者、奉献者,努力使自己成为祖国建设的有用之才、栋梁之材,为实现中国梦奉献智慧和力量。

脉络追寻

得其大者可以兼其小

或问:"大衍之数,《易》之缊乎?学者莫不尽心焉。"

曰："大衍，《易》之末也，何必尽心焉也。……""然则不足学乎？"曰："得其大者可以兼其小，未有学其小而能至其大者也，知此然后知学《易》矣。……"

——［北宋］欧阳修《经旨·易或问三首（景祐四年）》

这是欧阳修关于《易经》学习方法的见解。欧阳修认为易学有大小之别，强调学习《易经》应从"大义"着手，而不能只局限于某一卦的小道理；只有学会了《易经》的大道理，才可以通达《易经》各卦的小道理。"得其大者可以兼其小"阐述了"得大"与"兼小"的关系，推而广之，人生亦然。要明确大道规律，把握趋势发展，而不能舍本逐末、反向行之，倘若只陷进细微琐碎，便难得大方向。

在中国文化的思维里，始终存有一种从大处着眼的意识，强调要把问题放到大局中去思考、定位、摆布，提倡人生建立一种放眼大局的价值观念。所以传统文化提倡的是家国情怀，注目的是天下苍生，褒扬的是集体主义，强调"天下兴亡，匹夫有责"，要"国而忘家，公而忘私"，"先天下之忧而忧，后天下之乐而乐"，把天下忧乐放在个人悲喜之前，而个人就是集体里的一分子，大家庭幸福，每位个体成员便可同享幸福。

所以杜甫在草庐陋室里蜗居,遇到秋夜骤袭的风雨时,许下的愿望居然并不是自己得豪宅阔院,他殷殷期盼的是“安得广厦千万间,大庇天下寒士俱欢颜”——天下俱欢颜,则有你有我。陆游在一个人僵卧孤村的时候,心中所思所想居然并不是自己能否走出困顿的境遇,他始终不忘的是“为国戍轮台”,就连迷迷糊糊睡着了,“入梦来”的都是“铁马冰河”——中原定,则小家安。中国古代边塞诗,描写的常常是一边在戍客思归、于边关苦寒中思念家园,又一边在保家卫国、于孤城万仞下守卫家园,“但使龙城飞将在,不教胡马度阴山”——大漠风寒、英雄不老,就是为确保“大家”安定而终得“小家”平安……这就是中国知识分子的心志:放眼的是天下穷达,忧心的是百姓苍生,从不是一己得失与贫富。

古人对“得其大”的追求,是一种胸怀,也是一种智慧:确立高远目标、着眼广大范围,这种追寻梦想、实现理想的路径,看似路远迢迢,实则道路更稳、更长远。当我们抱怨眼前琐事烦心、心有诸多不满时,不妨看看远方目标、想想理想所在,这样就可超越情绪化、琐碎化的局限;当我们困扰当下纷争、陷入迷局时,不妨放眼大势所趋、考量时代所盼,这样就可超越私利化、局部化的狭隘。

“得其大者可以兼其小”告诉我们这样的道理:要

想成就大局，就不能陷于局部。如果只看眼前，只论得失，只记自我，就可能纠缠在具体的事务之中不得脱身，从而因小失大；相反，如果能看到大势、大局和大道，以大胸襟、大眼界包容小问题、小矛盾，所谓的“小”也自然能处理好了。习近平总书记在给北京大学的同学们回信时提及这句话，是鼓励青年们将人生理想融入国家和民族的事业中，珍惜韶华、奋发有为，勇做走在时代前面的奋进者、开拓者、奉献者，在实现中国梦的生动实践中放飞青春梦想，在为人民利益的不懈奋斗中书写人生华章。

习近平总书记引用“得其大者可以兼其小”这个典故，对于今天的我们，既是勉励，也是提醒，更是指引。我们要深刻认识到，“得其大者”，就是明确国家和民族的繁荣与振兴，要依靠全体中华儿女的拼搏奋斗，中国梦是国家的梦、民族的梦，更是每一个中国人的梦；“兼其小”，就是坚信在为实现中华民族伟大复兴的中国梦不懈奋斗的过程中，我们每一个人的人生目标、美好愿景，也都一定能从理想走向现实。①

① 得其大者可以兼其小[EB/OL].(2018-07-21)[2022-06-17]. https://www.ccdi.gov.cn/toutiao/201807/t20180716_175709.html? ivk_sa=1024320u.

中国梦

中国梦，正式提出于2012年11月29日。习近平总书记把“中国梦”定义为“实现中华民族伟大复兴，就是中华民族近代以来最伟大的梦想”，并且表示这个梦“一定能实现”。实现中华民族伟大复兴的中国梦，就是要实现国家富强、民族振兴、人民幸福。

实现中国梦必须走中国道路。这就是中国特色社会主义道路。这条道路来之不易，它是在改革开放40多年的伟大实践中走出来的，是在中华人民共和国成立70多年的持续探索中走出来的，是在对近代以来180多年中华民族发展历程的深刻总结中走出来的，是在对中华民族5 000多年悠久文明的传承中走出来的，具有深厚的历史渊源和广泛的现实基础。中华民族是具有非凡创造力的民族，我们创造了伟大的中华文明，我们也能够继续拓展和走好适合中国国情的发展道路。全国各族人民一定要增强对中国特色社会主义的理论自信、道路自信、制度自信，坚定不移沿着正确的中国道路奋勇前进。

实现中国梦必须弘扬中国精神。这就是以爱国主义为核心的民族精神，以改革创新为核心的时代精神。这种精神是凝心聚力的兴国之魂、强国之魂。爱国主义始终是把中华民族坚强团结在一起的精神力量，改革创新始终是鞭策我们在改革开放中与时俱进的精神力量。全国各族人民一定要弘扬伟大的民族精神和时代精神，不断增强团结一心的精神纽带、自强不息的精神动力，永远朝气蓬勃迈向未来。

实现中国梦必须凝聚中国力量。这就是中国各族人民大团结的力量。中国梦是民族的梦，也是每个中国人的梦。只要我们紧密团结，万众一心，为实现共同梦想而奋斗，实现梦想的力量就无比强大，我们每个人为实现自己梦想的努力就拥有广阔的空间。生活在我们伟大祖国和伟大时代的中国人民，共同享有人生出彩的机会，共同享有梦想成真的机会，共同享有同祖国和时代一起成长与进步的机会。有梦想，有机会，有奋斗，一切美好的东西都能够创造出来。全国各族人民一定要牢记使命，心往一处想，劲往一处使，用13亿人的智慧和力量汇集起不可战胜的磅礴力量。

中国梦归根到底是人民的梦，必须紧紧依靠人民来实现，必须不断为人民造福。①

---

① 在第十二届全国人民代表大会第一次会议上的讲话[N]. 人民日报，2013-03-18(01).

当事者说

“个人梦北大梦,让我们的梦有根;中国梦民族梦,让我们的梦有魂。”“因为中国梦,我们感受到了一份同心奋进的深沉力量;因为中国梦,我们看到了充满希望的广阔未来;因为中国梦,我们更加懂得了当代青年所肩负的历史责任。”2013 年 4 月 28 日,北京大学考古文博学院 2009 级本科团支部给习近平总书记写信,汇报了参与“中国梦”主题教育活动的所思所感。①

“习近平总书记真的给我们回信了!”北京大学考古文博学院 2009 级本科团支部书记龙妍手捧习近平总书记的回信,欣喜万分,激动地与同学们传阅。

2013 年 4 月底,北京大学考古文博学院 2009 级本科团支部深入开展以“学习中国梦”为主题的团会。同学们畅谈中国梦,共话燕园情,回想起一年前习近平总书记参观学院并与学生座谈时的勉励话语,遂决定向习近平总书记写信汇报学习生活情况和学习中国梦的感悟。

① 习总书记给北大学生回信引起热烈反响[N]. 光明日报,2013-05-05(01).

"短短几天后，我们收到了习近平总书记的回信。同学们欣喜万分，激动地传阅信件。通过学习回信，我们更加明确肩上的担当与责任，坚定了实现中国梦的决心和信心。"

"习近平总书记的教诲如同指路明灯，照亮了我们的人生道路。两年多来，同学们有的在攻读硕士或博士学位，有的走上了工作岗位。我们一直牢记习近平总书记的嘱托，将其作为前进的不竭动力，开拓进取、奋发有为，努力为实现中国梦奉献自己的智慧和力量。"①

社会反响

习近平总书记在回信中第一次阐释了青年和中国梦的关系，认为"中国梦是国家的梦、民族的梦，也是包括广大青年在内的每个中国人的梦"，将实现中国梦和年轻人的历史使命结合在一起，对青年寄予了厚望。这一关于青年和中国梦关系的论述在北大师生中引起了热烈的反响，大家结合自身的学习、工作实际，思考、交流，更加明确了自己身上所肩负的历史重任。

① 张少义，郭慧，陈蓉，等. 总书记，您给我们的回信收到了[J]. 党建，2016(1)：34－39.

外国语学院2009级本科生党支部书记杨亚晨说:“习近平总书记的回信对于正迎来校庆和五四青年节的北大学生来说,是一份特别的惊喜和感动,是最为珍贵的节日礼物。”“一定不辜负习近平总书记的期望,珍惜韶华,奋发有为,为中国梦的实现贡献自己的力量!”考古文博学院2009级本科生王思渝、孙雪静在得知总书记回信后,都非常激动。①

政府管理学院2011级本科生党支部书记何邦振认为,回信既是给考古文博学院2009级本科团支部的回信,也是给全体北大学生的回信,是对北大学生胸怀天下、勤勉学习精神风貌的充分肯定,饱含着习近平总书记对北大学生的殷切期望。当时,未名湖畔博雅塔下,“为实现中国梦贡献自己的力量”成为北大学子心底的誓言。②

法学院2012级博士生覃甫政认为,习近平总书记在回信中对北大学子的鼓励,从青年学生为中国梦奋斗的角度进一步丰富了中国梦的内涵,也让青年学生们备

① 习总书记给北大学生回信引起热烈反响[N].光明日报,2013-05-05(01).

② 习总书记给北大学生回信引起热烈反响[N].光明日报,2013-05-05(01).

受鼓舞。

新闻与传播学院2010级本科生张一琪说，青年梦首先是成才之梦，习近平总书记强调“得其大者可以兼其小”，是要让我们把个人的进步和国家、民族的发展结合起来。“我们现在能做的就是继承北大优良传统，在燕园不断汲取知识的力量，将校园学习和社会实践相结合，勤学奋进，充实自己，努力成为可担当实现中国梦大任的栋梁之材。”

习近平总书记的回信引起了信息科学与技术学院2009级本科生、北京大学第十二次党代会学生党代表郭佳奇的深思。她说，习近平总书记的回信让自己更加感受到作为一个北大学子的历史使命，在这个继往开来的年代，青年学子应该承担好责任，扮演好角色，将个人梦想与中国梦结合。

工学院2008级博士生张又升当时即将从燕园毕业，踏上新的工作岗位。他对习近平总书记在回信中提到的“把人生理想融入国家和民族的事业中”深有感触。他说，习近平总书记的回信也是给毕业班同学的一封回信，他和班上多数同学都即将投身国防科技战线，将以实际行动响应习近平总书记的号召，义无反顾地选择奔赴国防高精尖一线，服务国家建设，把青春、智慧和力量

注入伟大的中国梦。

在2013年5月3日召开的北大党委常委扩大会议上，王恩哥校长表示，习近平总书记对北大学生和广大青年学子的关心让人深受感动，“希望北大学子们认真学习回信精神，将回信精神传递到全校和全国，结合自身学习、工作、生活的实际，奋发有为，在各方面做出表率，真正肩负起历史的重任，让青春在实现北大梦和中国梦的宏伟征程中焕发出绚丽的光彩”。①

---

① 习总书记给北大学生回信引起热烈反响[N]. 光明日报，2013-05-05(01).

五　给中央民族大学附属中学全校学生的回信①

诵读回信

中央民族大学附属中学的全体同学：

你们好！

你们给我的来信收悉，得知同学们朝气蓬勃、富有理想、精进学习、团结友爱，我感到十分欣慰。

在你们学校建校100周年之际，我向你们和全校教职员工，表示热烈的祝贺！

中央民族大学附属中学作为全国唯一一所面向各少数民族地区招生的民族中学，自建校以来，培养了大批少数民族优秀人才，他们在各条战线上

---

① 习近平总书记给中央民族大学附属中学全校学生的回信[N].中国民族报，2013-10-11(01).

为人民解放、国家发展、民族团结、人民幸福作出了重要贡献。

我国是统一的多民族国家。我国各族人民同呼吸、共命运、心连心的奋斗历程是中华民族强大凝聚力和非凡创造力的重要源泉。我国各民族多姿多彩的文化是中华文明的重要组成部分。希望学校继承光荣传统，传承各民族优秀文化，承担好立德树人、教书育人的神圣职责，着力培养造就中国特色社会主义事业合格建设者和接班人。

“学如弓弩，才如箭镞。”希望同学们珍惜美好时光，砥砺品德，陶冶情操，刻苦学习，全面发展，掌握真才实学，努力成为建设伟大祖国、建设美丽家乡的有用之才、栋梁之材，为促进民族团结进步、实现共同繁荣发展作出应有贡献。

祝同学们身体健康、学习进步。

习近平

2013年10月1日

梳理纪要

回信时间：2013年10月1日

回信字数：460 字

回信对象：中央民族大学附属中学的全体同学

对象性质：青年学生

回信主题：少数民族、民族团结、共同繁荣

回信背景：中央民族大学附属中学百年校庆

背景扫描

2013 年 10 月 3 日是中央民族大学附属中学百年校庆。2013 年 5 月 20 日，该校来自全国 24 个省区市 50 个少数民族的 1 800 名学生给习近平总书记写信，汇报他们在首都北京的学习和生活情况。2013 年 10 月 1 日，习近平总书记给全校学生回信。

中央民族大学附属中学

中央民族大学附属中学简称“民大附中”，是一所面向全国招生的公办民族高级中学，位于北京市海淀区。

中央民族大学附属中学前身为蒙藏学校，创建于 1913 年，具有百年历史，为百年名校，1918 年更名为蒙藏专门学校，1929 年更名蒙藏委员会北平蒙藏学校，1937 年至 1949 年中华人民共和国成立前易名国立北平

蒙藏学校，1950 年改名蒙藏学校，1951 年被命名为中央民族学院附属中学，1993 年更名为中央民族大学附属中学。

学校培养了原国家副主席乌兰夫等多位各民族杰出人才，在国内外具有广泛的影响。

民族团结

民族团结包括各民族之间的团结和各民族内部的团结，是中国共产党处理民族关系问题的一项准则。《中华人民共和国宪法》第四条规定：“中华人民共和国各民族一律平等。国家保障各少数民族的合法的权利和利益，维护和发展各民族的平等团结互助和谐关系。禁止对任何民族的歧视和压迫，禁止破坏民族团结和制造民族分裂的行为。”民族团结是各民族共同繁荣的前提，是祖国统一的基础，因此，必须维护民族团结。维护民族团结，既要认真落实民族政策，认真解决现实中存在的问题，又要坚决反对破坏民族团结、制造民族分裂，依法严厉打击和制裁分裂祖国的活动。

各族人民齐心协力，共同促进祖国的发展繁荣。民族团结是社会主义社会发展进步的必要前提。在漫长的历史发展进程中，中华民族共同开拓了祖国的大好河山，创造了灿烂的中华文化，形成了谁也离不开谁的密切关系。在社会主义现代化的今天，56个民族要进一步巩固和发展这一关系，团结一致，形成强大的合力，共同推进中国的现代化进程。

建设者、接班人

思想政治工作是学校各项工作的生命线。以习近平同志为核心的党中央对加强学校思想政治工作高度重视，先后召开全国高校思想政治工作会议、全国教育大会、学校思想政治理论课教师座谈会等一系列重要会议，对做好学校思想政治工作进行部署。习近平总书记多次到小学、中学、大学等各类学校视察调研，在教育工作中对思想政治教育强调最多，指出要旗帜鲜明加强思想政治教育、品德教育，立志于中华民族千秋伟业，培养一代又一代拥护中国共产党领导和我国社会主义制度、立志为中国特色社会主义事业奋斗终身的有用人才。做好新时代学校思想政治工作，要深入学习贯彻习近平总书记系列重要讲话精神，坚定不移用习近平新时代中国特色社会主义思想铸魂育人，全面贯彻党的教育方针，把思想政治工作贯穿学校教育管理全过程，努力培养社会主义建设者和接班人。①

共同繁荣

各民族共同团结奋斗、共同繁荣发展是新世纪新阶段民族工作的主题。实现各民族共同繁荣发展，是全面建设小康社会、构建社会主义和谐社会的必然要求。必须从党和人民事业的大局充分认识进一步做好民族工作的重要性和紧迫性；必须加快少数民族和民族地区的经济发展和社会进步；必须巩固和发展民族团结、维护祖国统一；必须坚持和完善民族区域自治制度；必须加强人才资源开发和少数民族干部队伍建设；必须依靠党的领导和各民族共同团结奋斗。②

殷切期望

习近平总书记的回信不仅是中央民族大学附属中学全体师生和广大校友的光荣，更是对中国民族教育事业的充分肯定和殷切期望，是对全体民族工作者的巨大

① 都晓.努力培养社会主义建设者和接班人[N].新疆日报（汉），2019－05－07（08）.

② 龚学增.各民族共同团结奋斗共同繁荣发展——论新世纪新阶段民族工作的主题[J].实事求是，2005（04）：5－8.

鼓舞和鞭策。习近平总书记在回信中提出殷切期望："希望同学们珍惜美好时光，砥砺品德，陶冶情操，刻苦学习，全面发展，掌握真才实学，努力成为建设伟大祖国、建设美丽家乡的有用之才、栋梁之材，为促进民族团结进步、实现共同繁荣发展作出应有贡献。""希望学校继承光荣传统，传承各民族优秀文化，承担好立德树人、教书育人的神圣职责，着力培养造就中国特色社会主义事业合格建设者和接班人"。

脉络追寻

学如弓弩，才如箭镞

学如弓弩，才如箭镞。识以领之，方能中鹄。善学邯郸，莫失故步。善求仙方，不为药误。我有禅灯，独照独知。不取亦取，虽师勿师。

——［清］袁枚《续诗品·尚识》

"尚识"就是以见识为高、见识为重。"学如弓弩，才如箭镞。识以领之，方能中鹄。"（箭镞：箭头。鹄：射箭的目标，箭靶子。）这句话的意思是，学问像弓弩，才能如箭头，学识引导箭头射出，才会命中靶心。这句话告诉我们，无论阅读别人的作品，还是自己从事创作，学识的高低与深浅，都会直接影响到欣赏水平或创作效果。因此，增加学识，开阔眼界，才能使用好学问之弩，让才能之镞一箭中鹄。

袁枚这个比喻说的是，只要依靠厚实的见识来引导，就可以让才能很好地发挥作用。学与才的辩证法，正是青年最应该思考的。一些人认为才能源于天赋，不用学习；一些人认为学习就能增长才能，不用实践。这些观点都割裂了二者的联系。正如“学如弓弩，才如箭镞”这句古语所说，学识是才能的引导，才能是学习的发挥。一个是基础，一个是表现；一个是过程，一个是结果。只有当学习的弓弩弯如满月，才识的箭镞才能飞似流星。学习是一个需要积累的过程，不可能一蹴而就。“贵有恒，何必三更眠五更起；最无益，只怕一日曝十日寒。”青年毛泽东曾以此自警自励。青年人正处于学习的黄金时期，更应该把学习作为首要任务，作为一种责任、一种精神追求、一种生活方式，树立“梦想从学习开始、事业靠本领成就”的观念，让勤奋学习成为青春远航的动力，让增长本领成为青春搏击的能量。

多姿多彩的民族文化

满天璀璨星斗，点亮浩瀚苍穹；各民族文化交融，孕育中华文明。

民族文化是某一民族在长期共同生产生活实践中产生和创造出来的能够体现本民族特点的物质财富和精神财富的总和。民族文化反映该民族历史发展的水平，是各民族在其历史发展过程中创造和发展起来的具有本民族特点的文化，包括物质文化和精神文化。

中华民族有着悠久的历史。从遥远的古代开始，中华各民族人民的祖先就劳动、生息、繁衍在中华大地上，共同为中华文明和建立统一的多民族国家而贡献自己的才智。56个民族不断交流交往交融，形成了多元一统的中华民族。中华文明历史悠久，是世界上唯一没有中断、发展至今的文明。在几千年的历史长河中，各民族人民创造了优美动人的神话、传说、史诗以及音乐、舞蹈、绘画艺术等；建造了很多雄伟壮观、绚丽多彩、富有民族特色的建筑，这些精彩纷呈、多姿多彩的民族文化，是中华文明的重要组成部分，是中华民族共有的精神财富，是人类文明的重要成果。

当事者说

中央民族大学附属中学校长田琳介绍，学生们之所以给习近平总书记写信，就是想表达一下稚嫩、质朴的

情感。2013年,恰逢民大附中百年校庆,又收到习近平总书记的回信,学生们特别兴奋,从情感上感觉与习近平总书记的距离非常近。田琳表示,在回信中,习近平总书记肯定了民大附中过去的工作,也为学生们将来的成长及责任担当提出了更高的标准和要求。他表示,要把中央领导人的要求落实到实际工作中,使民族教育这个百年大计、千秋大业始终沿着正确方向前进,始终保持旺盛的活力。要通过各方面的共同努力,形成少数民族优秀人才不断涌现、民族团结进步不断发展巩固的可喜局面,为圆好中华民族一家亲的“团结梦”、各民族共同繁荣进步的“发展梦”,实现中华民族伟大复兴的“中国梦”,提供人才保障,凝聚强大合力,作出新的更大的贡献。

田琳说,100年来,民大附中一直是民族团结的象征,因为学校招收的是全国各地少数民族地区的学生,不仅为少数民族地区提供物质上的帮助,也提供后续发展上的帮助,让各地少数民族的孩子们走出来,为他们提供在首都受教育和获取知识的机会。

社会反响

习近平总书记的回信充满党和国家领导人的切切关爱,温暖着各族师生的心,在中央民族大学和附属中学广大师生中引起强烈反响。

时任中央民族大学党委书记鄂义太指出:“我们要把学习贯彻习近平总书记的回信和李克强总理的批示作为当前和今后一个时期的重大政治任务,认真抓实抓好。通过学习贯彻,进一步增强广大干部群众做好民族教育工作的责任感和使命感,承担好立德树人、教书育人的神圣职责。”同时他认为习近平总书记的回信意义重大、影响深远,从各民族共同团结奋斗和繁荣发展、国家长治久安、实现中华民族伟大复兴的中国梦的战略高度,阐述了我国各族人民同呼吸、共命运、心连心的重要性,体现了党中央对民族工作和民族教育工作的高度重视与亲切关怀,为民大附中和中央民族大学的办学和发展指明了前进方向,是对全校各族师生员工的巨大鼓舞和鞭策。

“习近平总书记的回信让我深深感到,新的中央领导班子对民族工作、民族教育工作有新思维,有与时俱进的措施。这主要体现在务实、贴切、针对性和细致上。作为一名中国少数民族语言文化工作者,我会坚决支持中央的部署和政策,把工作做得更好,把政策落实得更好,为国家民族政策的决策、民族语言文字文化工作的决策,从学术上提供更多的,有利于国家建设、民族团

结、文化安全、文化建设的理论依据。”中央民族大学少数民族语言文学学院院长文日焕教授感慨地说。

中央民族大学法学院陆平辉教授认为，这切切关爱更让民族教育工作者进一步思考：“如何让民族教育在中华民族团结进步事业、民族传统文化传承、民族人才培养等方面发挥更大的作用？”“归根到底还是要培养卓越的民族人才，建议学校加强‘树立奋发有为的精神、切实关注民族地区对人才的需求、思考民族教育人才培养模式’等方面的工作。”

中央民族大学附属中学校长田琳说：“字里行间，处处指示着我们民族教育工作者牢记教育的本质：为谁培养人？培养什么样的人？怎样培养人？”站在新百年的征途上，他表示，民大附中将按照“多出人才、多出经验、多出思想”的办学目标，继续勇于社会担当，把民大附中建设成为“全国民族基础教育的示范校、民族人才培养的试验田、多民族共美教育的孵化器、各民族共美教育联盟的领头羊”。

“我总是告诉我的学生，在他们的身上至少有两大使命：一是提升个人、家庭、家族的修养层次；二是考一个好大学。如今有了习近平总书记、李克强总理的鼓励，我会更加坚定地突出第一大使命，进一步提升每位学子的使命感、责任感、自豪感。”民大附中教师袁昌顺自豪地说。

曾就读于民大附中的北京大学研究生蒋里也备受鼓舞：“我一定要学好本领、增长才干，识大体、明大理、顾大局，在维护民族团结方面不遗余力，不畏困难、自强自立、奋发有为，为把祖国建设得更好、把家乡建设得更美作出努力和贡献。”①

习近平总书记在回信中说，希望同学们努力成为建设伟大祖国、建设美丽家乡的有用之才、栋梁之材。“其中建设美丽家乡，就是因为民族地区出来的孩子们学成后进行本地建设更有影响力。”民大附中校长田琳认为，这对少数民族地区、少数民族家庭和孩子的影响将持续一生，这些孩子们学有所成后回去建设家乡更有情感上的共鸣。②

---

① 邓晖.切切关爱暖人心——习近平总书记回信、李克强总理批示在中央民族大学、民大附中反响强烈[N].光明日报，2013-10-12(04).

② 崔杰.新形势下民族高校开展少数民族学生统战工作的路径探析[J].财富时代，2020(12):54-55.

六　给全体在德留学人员的回信[①]

诵读回信

全体在德留学人员：

来信收悉。字里行间，我感受到了留德学子心系祖国、报国为民的爱国情怀，深感欣慰。

你们在信中写到，中华百年以来的留学史，是中国人民为个人梦、强国梦、复兴梦而奋斗的历史。实现中华民族伟大复兴的中国梦是近代以来中华民族的夙愿，是13亿中国人民的共同梦想。希望广大海外学子秉持崇高理想，在中国人民实现中国梦的伟大奋斗中实现自身价值，努力书写无愧于时

① 习近平给全体在德留学人员回信　勉励他们秉持崇高理想　努力报国为民[N]. 人民日报，2014－01－18(01).

代的华彩篇章。

你们在来信中表示要坚持爱国、坚持理想、坚持学习、坚持创新，希望大家把这些信念付诸行动，志存高远，脚踏实地，刻苦攻读，积才广学，早日用所学所得报效祖国和人民。

马年春节将至，我向所有海外学人及家人，致以诚挚的问候和良好的祝愿。

习近平

2014年1月16日于北京

梳理纪要

回信时间： 2014年1月16日

回信字数： 307字

回信对象： 全体在德留学人员

对象性质： 青年学生

回信主题： 爱国主义、中国梦、实现自身价值

回信背景： 欧美同学会成立100周年庆祝大会召开

背景扫描

2013年10月21日，习近平总书记在欧美同学会成

立100周年庆祝大会上发表重要讲话，在我国广大留学人员当中引起热烈反响。留德学子以全体在德留学人员名义给习近平总书记写信，汇报了他们对个人梦、强国梦、复兴梦的感悟和体会，表达了立志为实现中华民族伟大复兴的中国梦而奋斗的决心和信心①。

实现中华民族伟大复兴的中国梦

实现中华民族伟大复兴的中国梦是习近平总书记在中国共产党第十九次全国代表大会报告上提出的。中华民族伟大复兴的中国梦是以习近平同志为核心的党中央提出的重大战略思想，是党和国家面向未来的政治宣言。它着眼于坚持和发展中国特色社会主义，体现了中国共产党高度的历史担当和使命追求。习近平总书记对中国梦战略思想作出过系统阐释。他指出，实现全面建成小康社会，建成富强、民主、文明、和谐的社会主义现代化国家的奋斗目标，实现中华民族伟大复兴的中国梦，就是要实现国家富强、民族振兴、人民幸福。中国梦既深深体现了今天中国人的理想，也深深反映了我

① 习近平给全体在德留学人员回信　勉励他们秉持崇高理想努力报国为民[N].人民日报，2014-01-18(01).

们先人们不懈追求进步的光荣传统。

殷切期望

在亿万中国人民前行的伟大征程上，广大海外学子创新正当其时、圆梦适得其势。习近平总书记的回信，为他们注入了一股温暖坚定的力量，勉励其要把爱国之情、强国之志、报国之行统一起来，把自己的梦想融入人民实现中国梦的壮阔奋斗之中，把自己的名字写在中华民族伟大复兴的光辉史册之上。

习近平总书记希望广大海外学子“秉持崇高理想，在中国人民实现中国梦的伟大奋斗中实现自身价值，努力书写无愧于时代的华彩篇章”，坚持爱国、坚持理想、坚持学习、坚持创新，志存高远，脚踏实地，刻苦攻读，积才广学，早日用所学所得报效祖国和人民。

脉络追寻

对广大留学人员提出的四点期望

习近平总书记在欧美同学会成立 100 周年庆祝大会上的讲话中，对广大留学人员提出了以下期望：

期望一：坚守爱国主义精神。在中华民族几千年

绵延发展的历史长河中,爱国主义始终是激昂的主旋律,始终是激励我国各族人民自强不息的强大力量。不论树的影子有多长,根永远扎在土里;不论留学人员身在何处,都要始终把祖国和人民放在心里。钱学森同志曾经说过:“我作为一名中国的科技工作者,活着的目的就是为人民服务。如果人民最后对我的一生所做的工作表示满意的话,那才是最高的奖赏。”①

期望二:矢志刻苦学习。学习是立身做人的永恒主题,也是报国为民的重要基础。梦想从学习开始,事业从实践起步。当今世界,知识信息快速更新,学习稍有懈怠就会落伍。有人说,每个人的世界都是一个圆,学习是半径,半径越大,拥有的世界就越广阔。

希望广大留学人员坚持面向现代化、面向世界、面向未来,瞄准国际先进知识、技术、管理经验,以韦编三绝、悬梁刺股的毅力,以凿壁借光、囊萤映雪的劲头,努力扩大知识半径,既读有字之书,也读无字之书,砥砺道德品质,掌握真才实学,练就过硬本领。已经完成学业的留学人员也要拓宽眼界和视野,加快知识更新,优化

① 詹媛.活着的目的就是为人民服务——“钱学森精神”激励广大科技工作者爱国奋斗[N].光明日报,2018-08-07(01).

知识结构，努力成为堪当大任、能做大事的优秀人才。

期望三：奋力创新创造。创新是一个民族进步的灵魂，是一个国家兴旺发达的不竭动力，也是中华民族最深沉的民族禀赋。在激烈的国际竞争中，惟创新者进，惟创新者强，惟创新者胜。留学人员视野开阔，理应走在创新前列。祖国改革开放和社会主义现代化建设的火热进程，为一切有志于创新创造、干一番事业的人们提供了广阔舞台。

希望广大留学人员积极投身创新创造实践，有敢为人先的锐气，有上下求索的执著，得风气之先、开风气之先，力争有所突破、有所发展、有所建树。在中国的大地上，要想有建树、有成就，关键是要脚踏着祖国大地，胸怀着人民期盼，找准专业优势和社会发展的结合点，找准先进知识和我国实际的结合点，真正使创新创造落地生根、开花结果。

期望四：积极促进对外交流。中国的发展离不开世界，世界的繁荣也需要中国。我们要以更加开放的姿态，加强同世界的联系和互动，加深同各国人民的了解和友谊。广大留学人员既有国内成长经历又有海外生活体验，既有广泛的国内外人际关系又有丰富的不同文化交流经验，许多外国人通过他们了解中国、认识中国，

许多中国人通过他们了解世界、认识世界。①

近代中国的留学之旅

以曾国藩和李鸿章为首的一批清朝官员发起洋务运动之后，他们便着手组织了中国历史上第一批留学生赴美学习，希望这些留学生在学有所成之后将当时先进的理念、技术带回当时的中国，以期挽救衰败的清朝。

官派留学生的计划于1872年正式启动，每年派30名，分三年派遣完毕，留学期间产生的相关费用全部由官方承担。清朝末期，由于长期的闭关锁国，国人对国门之外的世界知之甚少，不少人仍旧将外国人视为蛮人，把其他国家称为“蛮夷之邦”，发起洋务运动的官员为了将第一批留学生送出国门求学，也是颇费了一番周折。留美幼童詹天佑的父亲詹作屏出具的保证书写道：“兹有子天佑，情愿送赴宪局带往花旗国肄业，学习技艺，回来之日听从差遣，不得在国外逗留生理。倘有疾病生死，各安天命。”②百姓们看到这样的文书更是不愿

---

① 在欧美同学会成立100周年庆祝大会上的讲话[EB/OL].(2013-10-21)[2022-07-01]. http://www.gov.cn/ldhd/2013-10/21/content.2511441.htm.

② 徐启恒，李希泌.詹天佑和中国铁路[M].上海：上海人民出版社，1957：8.

意送孩子出国。作为外交家、教育家的容闳，想尽各种途径和方法都没有招齐学子。万般无奈之下，他只能返回老家动员乡亲们报名，又到香港招了几名学生，才勉强凑够人数。

1872 年，这 30 名留学生从上海乘船赴美，这些在大轮船上好奇不已的学生们，肩上担负着为国学习、谋求发展的艰巨任务。这些留学生学成归国之后，不少人成为近代中国历史上的佼佼者，如著名铁路工程师詹天佑、矿冶工程师吴仰曾、复旦大学创办人之一唐绍仪、清华大学第一任校长唐国安等。这些先驱者都致力于在各自领域作出巨大贡献，用其学识为祖国发展奠定基础。

当事者说

在 2014 年 1 月 19 日的座谈会上，在德留学人员代表们一致谈道，习近平总书记的回信为所有海外学子鼓舞了斗志，增添了力量。柏林学生会主席吴鸣运说："经过近百年的碰撞、冲突、对话、合作，中西方文明在今日达到的交融程度之深前所未有。时代为当代留学生提供了最佳的学习机遇和生活条件，也对留学使命提出了更高的要求和更大的挑战。我们这一代留学生要坚持

学习，矢志钻研，为世界学术顶级殿堂中出现更多中国人的声音而奋斗。”

全体在德留学人员致习近平总书记书信的执笔人张笑宇谈道：“看到习近平总书记的回信，倍感鼓舞，更深刻体会到习近平总书记和祖国人民的期望。我的父母也非常激动。能够亲身参与到实现中国梦的伟大历史进程中，我们感到十分荣幸。我们在德学子向习近平总书记保证，坚持爱国，坚持理想，坚持学习，坚持创新，始终不渝地把为了祖国人民的幸福作为今后学习和奋斗的第一目标。”①

社会反响

时任中国驻德国大使史明德在座谈会上发言强调，这封信是写给在德留学人员的，也是写给全球中国留学人员的，体现了党和国家对海外学子的关心。

代表们向全球中国留学人员发出倡议，要以广大留学前辈为榜样，深入学习发达国家在科技、经济、文化、社会管理等领域的长处。要以更主动、更自信的姿态，

① 柴野. 在德留学人员畅谈习近平回信[N]. 光明日报，2014-01-20(08).

用国际社会能够理解和接受的方式，讲述中国的发展，表达中国的诉求。要在追求中西方文明平等的道路上，用自己一点一滴的行为，为提高祖国的形象、保障祖国的利益作出自己的贡献。

“在德学子愿以青春和汗水积中华民族千里复兴之跬步、启华夏文明九层辉煌之垒土，无愧于梦想、无愧于人民、无愧于时代。”这是在德留学人员在给习近平信中表达的信念。相信他们会为践行这个信念而奋斗。①

① 柴野. 在德留学人员畅谈习近平回信[N]. 光明日报，2014－01－20(08).

七　给澳门濠江中学附属英才学校小朋友们的回信[①]

诵读回信

澳门濠江中学附属英才学校的小朋友们：

你们好！来信收到了，你们画的彩笔画很好，说的话也很真诚，充分体现了小朋友们的美好心灵。

我经常想起《七子之歌》，歌中表达的游子对回到母亲怀抱的渴望十分感人。回归祖国20年来，澳门发展日新月异，澳门同胞工作生活越来越好。祖国是澳门的坚强依靠，你们从小就懂得这个道理，我十分欣慰。

① 习近平给澳门濠江中学附属英才学校小朋友们的回信[N].中国教育报，2019-06-02(01).

你们是祖国的花朵，是澳门的未来。希望同学们不辜负杜岚老校长的期望，传承好爱国爱澳优良传统，珍惜时光，刻苦学习，健康成长，长大后为建设澳门、振兴中华多作贡献。

“六一”国际儿童节就要到了，我祝你们节日快乐！祝全国小朋友们节日快乐！

习近平

2019年5月31日

梳理纪要

回信时间：2019年5月31日

回信字数：276字

回信对象：澳门濠江中学附属英才学校的小朋友们

对象性质：少年儿童、澳门同胞

回信主题：爱国爱澳、澳门回归、“一国两制”

回信背景：“六一”国际儿童节

背景扫描

2019年“六一”国际儿童节来临之际，中共中央总书

记、国家主席、中央军委主席习近平给澳门濠江中学附属英才学校的小学生们回信，对他们予以亲切勉励，并祝他们和全国的少年儿童节日快乐。

澳门濠江中学

濠江中学创建于1932年，以爱国爱澳、为社会培育人才为办学宗旨，是澳门中小学生人数最多的基础教育学校。该校素有爱国主义传统，1949年10月1日，中华人民共和国刚刚成立，时任校长杜岚就带领学校师生升起了第一面五星红旗。如今，每年的开学典礼、每逢周一学校都会举行升旗仪式。学校坚持用普通话讲授语文课，将宪法和基本法纳入学校公民教育的课程，对学生进行国旗国歌国徽的教育，是澳门一所知名的爱国学校。

《七子之歌》

《七子之歌》是由中国现代著名诗人、学者闻一多先生于1925年3月创作的，7月4日发表于《现代评论》第2卷第30期。《七子之歌》包含了七首短诗，分别以澳门、香港、台湾、威海卫、广州湾、九龙和旅顺、大连七个遭割让、租借的中国领土为题，每首七句，反映了当时中国人民的心声，体现了强烈的民族自尊心和对祖国深厚的爱。诗人在这一组诗里用拟人化的手法，把七个被割让、租借的地方，比作祖国母亲被夺走的七个孩子。

歌曲《七子之歌》由闻一多作词、李海鹰作曲、容韵琳演唱，创作于 1998 年澳门回归前夕。《七子之歌》的歌词展现了澳门 400 年的沧桑以及中华民族对命运的抗争。歌曲的曲首用简单的音调转换，如同缺失母爱的孩子唱着简单的童谣，而后面孩子对母爱的渴望则像海潮汹涌。稚拙的声音、不甚标准的普通话，加上优美的曲调，演唱者容韵琳那未经雕琢的童声也唱出了亿万华人的心声。

杜岚

杜岚（1912—2013），原名杜芳铭，又名杜晓霞，出生于陕西省榆林市米脂县。1936 年到澳门后，她一直从事教育工作，是澳门著名的教育家。1949 年 10 月 1 日，她在濠江中学升起了澳门第一面五星红旗。1985 年，她获时任澳门总督颁授的劳绩勋章；澳门回归后，她又获特区政府颁授的劳绩勋章。1993 年，她以卓著的治学成就荣载《世界名人录》。她曾任澳门特区政府教育委员会委员、北京市教育学会名誉理事、濠江中学校长，也是澳门妇联总会首创人之一。2020 年 5 月 17 日，她被评为

“感动中国 2019 年度人物”。

“一国两制”

“一国两制”是中国政府在 20 世纪 80 年代为实现国家和平统一而创造性地提出的基本国策。“一国两制”，即“一个国家、两种制度”，就是在一个中国的前提下，国家的主体坚持社会主义制度，香港、澳门和台湾保持原有的资本主义制度长期不变。改革开放以来，邓小平在毛泽东、周恩来关于争取和平解决台湾问题思想的基础上，发表多次讲话，创造性地提出了这一伟大构想。这一构想为解决台湾问题而提出，首先在香港和澳门得以实现。1997 年 7 月 1 日和 1999 年 12 月 20 日，香港、澳门先后回归祖国，“一国两制”从科学构想变成生动实践。事实证明，“一国两制”是解决历史遗留的香港、澳门问题的最佳方案，也是香港、澳门回归后保持长期繁荣稳定的最佳制度。

殷切期望

习近平总书记的回信，既体现了他对澳门的深深感情、对澳门学生和澳门教育事业的亲切关怀与高度重视、对 20 年来“一国两制”发展奇迹的高度赞许，也充满了对澳门未来发展的期待和关心。习近平总书记在信中提出了要更加努力地做好少年儿童培养工作，确保爱国爱澳核心价值薪火相传的具体要求，对澳门的年轻一代长大后成为社会栋梁，为建设澳门、振兴中华多作贡献的殷切希望。习近平总书记希望澳门少年儿童“不辜负杜岚老校长的期望，传承好爱国爱澳优良传统，珍惜时光，刻苦学习，健康成长，长大后为建设澳门、振兴中华多作贡献”，鼓励他们开拓进取，奋发有为，为推动澳门“一国两制”实践行稳致远而努力奋斗。

脉络追寻

五星红旗下不灭的薪火

1949 年 10 月 1 日，中华人民共和国成立的消息传到澳门，杜岚激动不已，心里琢磨着如何才能跟北京同步，在澳门升起五星红旗。当她得知五星红旗被定为中华人民共和国国旗的时候，立马托人到祖国内地订购，但当时的五星红旗是按行政区域限额分配的，与澳门联系最密切的中山县也只发了三面五星红旗。

没有买到国旗的杜岚当时心急如焚，她突然想起曾在报纸上看到公布的中华人民共和国国旗式样，为了能

在这一天准时升起这面五星红旗，她特意请人到祖国内地给五星红旗拍照，自己掏钱买来红布和黄布，以照片为样板，连夜亲手缝制了一面五星红旗。

当时的澳门还没有回归祖国的怀抱，澳葡当局百般阻挠。面对澳葡当局的刁难，杜岚理直气壮地说：“我是中国人，中华人民共和国成立了，我们的国旗，我们要升起！”当时澳门黑恶势力和国民党残余势力威胁她“谁敢亲共，万人坑就是归宿”。为此，亲朋好友劝阻杜岚别冒险升旗：“不好啊，危险，很危险，红旗不能挂。”但她斩钉截铁地说：“怕什么，大不了杀我的头。”

中华人民共和国成立的那天，澳门濠江中学校长杜岚带着一台收音机，早早便来到学校。下午3时，当五星红旗在北京升起时，伴随着收音机里播放的来自天安门广场的国歌，她带领全校师生在澳门的热土上升起了第一面五星红旗。濠江中学在澳门升起的这面五星红旗轰动了世界！面对澳葡官员只允许升旗一天的要求，杜岚也毫不退让，在她和全校师生的强烈坚持下，五星红旗最终在濠江中学、在澳门上空高高飘扬了整整三天。

1999年12月20日，是澳门回归祖国的日子，我们终于可以在自己的国土上自由地表达浓浓的爱国情怀，在澳门上空堂堂正正地升起五星红旗！已经 87 岁高龄的杜岚校长，拄着拐杖来参加升旗仪式。一清早，她把拐杖搁在一边，自己跑上升旗台，兴奋地亲自拉动滑轮升起国旗，和孩子们一起迎来了澳门特别行政区阳光灿烂的第一天。她满怀激情地作诗道："两情一国创新猷，又赖群贤齐献谋。昌盛繁荣应有待，故园可藉已无忧。"这其中饱含了她对澳门和祖国光明未来的无限畅想。

澳门终于回归祖国怀抱，望着鲜艳的五星红旗在旭日红霞中冉冉升起，老人心潮澎湃，她说："今天，我的愿望终于实现了，我感到非常兴奋。当年升起五星红旗时，我就盼望着我们的祖国早日繁荣，盼望着澳门能够早日回到祖国的怀抱。现在，我的这些愿望全都实现了，真是令人高兴，全世界的华人都为今天而扬眉吐气。"

杜岚老校长，是一位巾帼英雄。她身在澳门，心系祖国，把一堂关于五星红旗的"爱国课"，从 1949 年 10 月 1 日中华人民共和国成立，一直上到 2013 年她以 101 岁高龄辞世。爱国主义精神深深地埋在她的心中，这在她的整个办学过程和教学过程中都有所体现。每逢国庆和校庆，澳门濠江中学都要举行升国旗仪式，70 多年来从未间断。在澳门回归后的 20 多年里，濠江中学每逢周一都举行升旗仪式，爱国情怀也融入了孩子们的学习生活中。

2020 年 5 月，杜岚、尤端阳两位濠江中学校长因为接力守护国旗 70 年当选“感动中国 2019 年度人物”。颁奖词写道：“濠江上升起游子的梦，凌乱中的骨气、志气，归来后的元气、锐气，你们为它养成了浩然之气。阳光下最有意义的工作，五星红旗下不灭的薪火，飘扬吧！这面旗留下澳门最美的记忆。”

七子之歌

七子之歌·澳门①

你可知“妈港”不是我的真名姓？
我离开你的襁褓太久了，母亲！
但是他们掳去的是我的肉体，
你依然保管着我内心的灵魂。
三百年来梦寐不忘的生母啊！
请叫儿的乳名，
叫我一声“澳门”！
母亲！我要回来，母亲！

① 现代有改编歌曲《七子之歌·澳门》。

七子之歌·香港

我好比凤阙阶前守夜的黄豹，
母亲呀，我身份虽微，地位险要。
如今狞恶的海狮扑在我身上，
啖着我的骨肉，咽着我的脂膏；
母亲呀，我哭泣号啕，呼你不应。
母亲呀，快让我躲入你的怀抱！
母亲！我要回来，母亲！

七子之歌·台湾①

我们是东海捧出的珍珠一串，
琉球是我的群弟，我就是台湾。
我胸中还氤氲着郑氏的英魂，
精忠的赤血点染了我的家传。
母亲，酷炎的夏日要晒死我了，
赐我个号令，我还能背城一战。
母亲！我要回来，母亲！

七子之歌·威海卫

再让我看守着中华最古老的海，

① 现代有改编歌曲《七子之歌·台湾》。

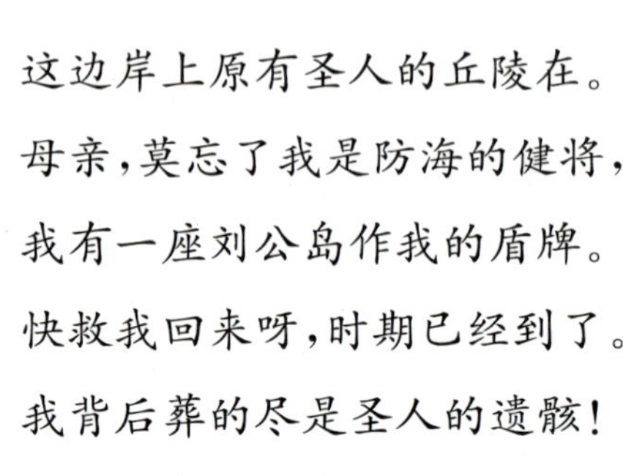

这边岸上原有圣人的丘陵在。
母亲,莫忘了我是防海的健将,
我有一座刘公岛作我的盾牌。
快救我回来呀,时期已经到了。
我背后葬的尽是圣人的遗骸!
母亲!我要回来,母亲!

七子之歌·广州湾[1]

东海和硇州是我的一双管钥,
我是神州后门上的一把铁锁。
你为什么把我借给一个盗贼?
母亲呀,你千万不该抛弃了我!
母亲,让我快回到你的膝前来,
我要紧紧地拥抱着你的脚踝。
母亲!我要回来,母亲!

七子之歌·九龙

我的胞兄香港在诉他的苦痛,
母亲呀,可记得你的幼女九龙?
自从我下嫁给那镇海的魔王,

① 广州湾,现广东省湛江市,曾受法国殖民统治。东海和硇州,即东海岛和硇洲岛。现代有改编歌曲《七子之歌·广州湾》。

我何曾有一天不在泪涛汹涌！
母亲，我天天数着归宁的吉日，
我只怕希望要变作一场空梦。
母亲！我要回来，母亲！

七子之歌·旅顺、大连

我们是旅顺、大连，孪生的兄弟。
我们的命运应该如何地比拟？
两个强邻将我来回地蹴踢，
我们是暴徒脚下的两团烂泥。
母亲，归期到了，快领我们回来。
你不知道儿们如何地想念你！
母亲！我们要回来，母亲！

当事者说

收到习近平主席回信的濠江中学五年级学生邓咏之回想起自己写信时的场景，感慨地说："我们好几个同学和老师都想到要给习爷爷写信，感谢他对我们的关怀，感谢祖国给澳门带来的进步，给我们创造良好的学习环境。今天收到回信我很激动，以后要努力学习，报效国家，做一个有用的人。"

濠江中学四年级学生喻彦茜说：“我们在信纸上画北京的天坛，澳门的大三巴牌坊、盛世莲花和港珠澳大桥。我想通过从大三巴到港珠澳大桥的变迁来体现澳门日新月异的发展。从寄信到收到回信大概两周，我真的没想到能那么快就收到习爷爷的回信。”

社会反响

濠江中学语文老师陈丽永坦言，没想到习近平主席会在百忙之中给学生回信，万分激动。习近平主席的回信对孩子们充满肯定，让老师们对未来的教育工作更有信心。2019 年是中华人民共和国成立 70 周年，澳门这个“游子”回到祖国的怀抱 20 年。濠江中学的学生们给习近平主席写信，就是想讲述澳门这些年的发展变化，汇报澳门少年儿童幸福学习和成长的情况。他们会不断地努力学习，为国家贡献出应有的力量。

澳门特别行政区全国政协委员、濠江中学副校长陈虹介绍说，学校历来重视对祖国历史文化的学习。学生们了解到澳门在回归后发生了很大变化，决定给习爷爷写一封信，表达对国家的感激之情。作为澳门的教育工作者，要深刻认识到做好教育工作的意义重大，通过国情教育、升国旗仪式等方式，让学生们知道今天良好的学习条件来之不易，要好好珍惜，也让他们坚信祖国就是澳门的坚强依靠。“一带一路”倡议和粤港澳大湾区建设的深入推进，将为澳门教育事业带来新机遇、新蓝图和新发展，我们必须把握机遇，加强与内地教育工作者的沟通合作，实现优势互补，全面提升澳门的教育质量。

时任澳门特别行政区行政长官崔世安代表特区政府由衷感谢习近平主席对澳门少年儿童的关爱。他表示，习近平主席的回信具有十分重要的意义，不仅是对濠江中学附属英才学校的关心，更重要的是体现了国家领导人和中央政府对澳门莘莘学子和年轻人的关爱和期盼，更是对澳门教育工作者的支持、对澳门特别行政区广大人民的巨大鼓励。回信中习近平主席对同学们的期望，也是澳门教育事业发展的新指引，对澳门下一代的健康成长，也对澳门未来的长远发展，提出了要求。澳门特区政府将认真学习传达习近平主席回信中的精神，牢记习近平主席的嘱托，继续高度重视并大力支持教育工作，持续投放充足的教育资源，不断以新思维开展工作，确保爱国爱澳核心价值薪火相传，推动“一国两制”事业行稳致远。

主管教育与青少年范畴工作的澳门特区政府教育

暨青年局局长老柏生深受感动,备受鼓舞:“习近平主席关爱澳门少年儿童,并予以厚望,这是一种鞭策,鞭策澳门教育界更加努力地做好少年儿童培养工作。”他表示爱国爱澳一直是澳门社会的核心价值。2018 年,澳门教青局编制和推出了首套《历史》教材,完善了“品德与公民”课程,并在五四青年节期间推动了澳门学校全面升挂国旗。2019 年设立了澳门家国情怀馆,使整个教育体系的爱国爱澳教育薪火相传、一脉相承,弘扬爱国精神。青少年工作主管部门必须承担起让中华民族优良传统在澳门少年儿童中传承与弘扬的责任,使澳门青少年成为德才兼备、爱国爱澳的社会栋梁,不辜负习近平主席对大家的期望。

中央人民政府驻澳门特别行政区联络办公室主任傅自应表示,习近平主席心里一直装着澳门青少年,回信饱含深情,充分体现了习近平主席和中央对澳门少年儿童乃至全体澳门同胞的亲切关怀,体现了对澳门回归祖国 20 年来日新月异的发展、澳门“一国两制”实践成就的充分肯定。这必将极大鼓舞包括澳门少年儿童在内的澳门各界同胞弘扬爱国爱澳传统,开拓进取,奋发有为,为推动澳门“一国两制”实践行稳致远而努力奋斗。[①]

澳门青年联合会会长莫志伟认为，这次信函往来具有重要意义：一方面，给习近平主席的信件展示了澳门青少年对祖国支持澳门的感恩之情，体现了爱国爱澳的传承；另一方面，习近平主席的回信展示出中央政府对澳门及其广大青少年的关爱和期盼。

澳门青年身心发展协会会长李端琪表示，回信字里行间反映了习近平主席心系澳门少年儿童，表达了对澳门青少年及儿童的关怀及爱护。要树立青少年和儿童正确的历史观和价值观，需要结合国情和社会发展，增强民族情感，为祖国及澳门发展贡献自己的智慧和力量。[②]

---

① 毛磊.习近平主席的回信亲切感人给予厚望——澳门少年儿童和社会各界备受鼓舞[N].人民日报海外版，2019－06－02(04).

② 王晨曦，胡瑶.牢记嘱托，让爱国爱澳核心价值薪火相传——习近平主席回信勉励澳门少年儿童在澳各界引发热烈反响[N].新华每日电讯，2019－06－03(04).

社会责任

八　给大学生村官张广秀的回信[①]

诵读回信

张广秀同志：

来信收悉，感谢你和乡亲们的祝福。得知你康复良好、重返岗位的消息，我感到很欣慰，同时希望你仍要注意保重身体。

改变农村面貌，帮助农民群众过上好日子，推动广大农村全面建成小康，需要党和政府的好政策，也需要千千万万农村基层干部带领广大农民群众不懈努力。大学生村官计划实施以来，数十万大学生走进农村，热情服务，努力实现人生价值。你

① 习近平给大学生村官张广秀复信[N]. 光明日报，2014-02-14(01).

们的付出和贡献，农民群众有最真切的感受，我看了很多反映大学生村官事迹的材料，为你们的进步和成绩感到高兴。

希望你和所有大学生村官热爱基层、扎根基层，增长见识、增长才干，促农村发展，让农民受益，让青春无悔。

祝工作顺利、身体健康、阖家幸福！

请转达我对垆上村乡亲们的节日问候！

习近平

2014年1月28日

梳理纪要

回信时间： 2014年1月28日

回信字数： 309字

回信对象： 大学生村官张广秀

对象性质： 大学生村官、农村基层党员干部

回信主题： 青年党员、基层实践、乡村建设

回信背景： 张广秀康复良好、重返工作岗位之际

背景扫描

2009年9月，张广秀选聘到山东省烟台市福山区福新街道圬上村任大学生村官，立志在乡村一线激扬青春。2010年9月，她身患急性白血病仍不忘工作。在习近平等中央领导同志的亲切关怀下，她到北京接受治疗后于2013年6月重返工作岗位。2014年1月15日，张广秀致信习近平总书记，汇报了自己的工作生活情况，表示一定不辜负习近平总书记的殷切期望，努力工作，服务群众，为实现中国梦作出贡献。习近平总书记收到来信后随即复信。①

大学生村官

大学生村官工作是党的十七大以来党中央作出的一项重大战略决策，主要目的是培养一大批社会主义新农村建设骨干人才、党政干部队伍后备人才、各行各业优秀人才。2014年5月30日，中央组织部召开全国大学生村官工作座谈会，进一步明确了大学生村官工作的

① 汪晓东，李翔，宋静思．总书记这样和大学生谈心[N]．人民日报，2021-12-01(03)．

定位。

大学生村官工作是国家开展的选派项目。大学生村官岗位性质为“村级组织特设岗位”，系非公务员身份。实施大学生村官计划，是党中央着眼于推进社会主义新农村建设、巩固党在农村的执政基础而作出的一项战略决策。计划实施以来，数十万大学生走进基层、情系农民、服务群众，在农村的广阔天地里锻炼成长，为农村经济社会发展作出了贡献，受到了农村基层的欢迎和农民群众的赞誉。实践证明，大学生到农村当村官，既为农村改革发展和基层干部队伍注入了活力，也使他们在相对艰苦的环境中丰富了阅历、磨炼了意志、提高了本领、增进了与群众的感情。①

张广秀

张广秀（1987—2016），山东省临沂市罗庄区罗庄街道办事处桥西头村人，全国三八红旗手，山东省三八红旗手，山东省十佳大学生村官。2009 年 7 月毕业于鲁东大学政法学院，当年 8 月考取大学生“村官”，到山东省

① 仲祖文.让青春在基层奉献中无悔[N].人民日报，2014-02-14(02).

烟台市福山区福新街道垆上村担任村委会主任助理兼团支部书记职务。在任职期间，张广秀积极服务群众，以实际行动赢得党员干部群众的好评。2010 年 9 月，张广秀被确诊为急性白血病后住院治疗，在医院仍惦记着工作。她的事迹和病情经媒体报道后，在全国引起强烈反响。习近平等中央领导作出重要批示，对张广秀扎根农村、无私奉献，全身心为村民服务，身患重病不忘本职的精神给予高度评价，号召向张广秀同志学习。

2011 年初，张广秀进入北京大学人民医院接受治疗。2011 年 3 月 6 日、7 日两次接受造血干细胞输注手术。当年 5 月 31 日，张广秀出院。2013 年 6 月 17 日，她重返阔别了 33 个月的工作岗位。

2016 年 8 月 21 日下午 4 时，张广秀因感染在临沂人民医院去世，年仅 30 岁。

殷切期望

习近平总书记的复信，语重心长、情真意切，希望大学生村官“热爱基层、扎根基层，增长见识、增长才干，促农村发展，让农民受益，让青春无悔”。回信充分体现了党中央对大学生村官的亲切关怀和殷切期望，是对大学生村官的巨大鼓舞和鞭策，为新形势下大学生村官成长

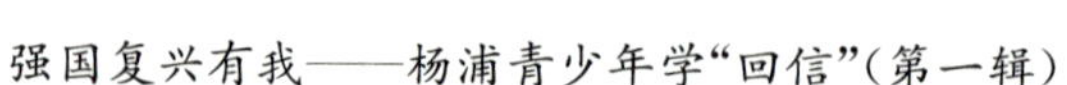

成才和进一步做好大学生村官工作指明了方向。

脉络追寻

脱贫攻坚，奔向全面小康

打赢脱贫攻坚战，历史性解决绝对贫困问题，既是中华民族的千年梦想，也是践行以人民为中心发展思想的集中体现。

习近平总书记强调，没有农村的小康，特别是没有贫困地区的小康，就没有全面建成小康社会。“十三五”时期，在以习近平同志为核心的党中央坚强领导下，全国大力实施精准扶贫、精准脱贫方略，投入更多资源，措施更加精准。

消除绝对贫困的“中国答卷”，彰显了中国的制度优势和治理优势。我们在脱贫攻坚进程中总结形成的中国经验和中国方案，具有深远世界意义。“十三五”时期，我们之所以能战胜挑战，取得前所未有的减贫成就，一个重要原因就是我国建立起五级书记抓脱贫攻坚体制，实施了精准扶贫、精准脱贫方略，走出了一条中国特色的减贫道路。在资源匮乏、灾害易发频发、基础设施严重滞后的高山区，易地扶贫搬迁为困难群众开启新生活；在具备一定自然资源基础的偏远地区，产业扶贫、电商扶贫为困难群众打开致富门路；在生态环境好、拥有特色景观的地区，旅游扶贫把绿水青山变成金山银山……正因如此，联合国秘书长古特雷斯将中国誉为“减贫领域的世界纪录保持者”，精准扶贫理念被写入联合国大会文件。

最美的人生在基层

有这样一本“病中日记”，让人记忆深刻。这是山东省烟台市福山区福新街道垆上村村主任助理、团支部书记张广秀的日记。

从 2010 年 9 月起，“疼”这个字眼就不断在张广秀的日记里出现，“疼得直不起腰来”“噬心般地疼”“夜里疼得睡不着”……她的日记总是记录着她的疼痛。

张广秀是一个平凡普通的女孩，外表柔弱，但作为一名大学生村官，她却有着超常的吃苦耐劳的敬业精神。

2010 年 8 月底，镇上要求垆上村 4 天之内把村民的健康档案整理好。全村有 760 口人，一人一表，工作量是巨大的，这个任务落在了张广秀头上。她夜夜加班，脖子剧烈地疼痛，有时她只能歪着头工作。

日记的边边角角写满了她的自我激励，“疾病并不

能阻断我的工作”，“没有条件创造条件也要上”……疼得实在受不了，她就唱歌，一首自编的歌曲“明天会更好”，她不知唱了多少遍。

档案整理工作终于完成了，她又似乎忘记了之前的疼痛，她写道：“生活给了我个大苦果，我也收获了甜美的蜂蜜。也许，这就是生活吧。”

最后一篇日记是这样写的：“脖子又开始作痛。昨天的文件需要上交，骑车再去一次。回办事处，忙活我的 PPT 文件，奋力一个下午，弄好。”一直写到“晚上要准备材料……”，大概是圆珠笔没油了，她尽力画了几下，没有再写下去。

看她的日记，几乎每天都有“替村民跑腿”的记录。从医疗保险，到水费电费，只要村民有需要，哪怕再小的事，她都要走上几十里路去干。

离垆上村不远处是烟台市经济技术开发区，高楼林立，而这边却是一排排低矮的平房。这个差距刺痛了她的心。也就是从那时候起，张广秀在心里藏下了一个梦：“我梦想，有一天，所有村民都能搬出平房，住上漂亮的小楼，坐着公交车上下班。”

村里盛产大樱桃，为了尽快掌握种植技术，她天天跑到村民果园里学习，记下了厚厚一本种植技术笔记，成为全村有名的大樱桃种植专家。

2010年，垆上村正式列入烟台市城镇开发规划。为了保证拆迁工作顺利进行，她负责收集村民的土地证、房产证以便进行统计。有村民认为自己的土地证记录有误，张广秀一次次跟他们协调沟通，最终没有一个村民感觉自己吃了亏。

张广秀用这样的话诠释自己对工作的热爱：“每一件小事，其中的艰辛都如同一部部小说；只要能为村民谋一丝利益，无论经历多少艰难困苦也心甘情愿。”

可是事业未竟，张广秀却倒下了。白血病在一点点吞噬着她的青春。

对于治疗，张广秀是乐观的。在病床上，她还伸出瘦弱的手臂，指着自己的耳朵说：“昨天和书记通电话，村里很快就要开始做拆迁工作了，我要赶快治好病，戴着安全帽到工地上去呢！”

翻开她的笔记本，记满了诸如：“村里有条小路难走得很，要想办法修一下。”“老乡们平时的文化生活太匮乏了，要搞个农家书屋，让大家农闲时间去那里看看书，充充电。”……是的，还有很多事情在等着她去做。

农村是施展才华的大舞台，也是历练人生的大课堂。广大大学生村官应牢记习近平总书记的嘱托，热爱

基层、扎根基层,拼搏奉献、建功立业。要志存高远、坚定信念,自觉把个人的人生追求同国家的前途命运、同建设社会主义新农村的伟大实践结合起来,立志在农村基层干出一番事业。要拜群众为师,学习农村干部群众的好经验、好作风、好品德,遇事多与群众商量、多向群众请教,在和群众一起摸爬滚打中增长见识、增长才干,在农村改革发展一线打头阵、挑大梁、攻难关。要为群众办实事、解难题,发挥自身优势和特长,脚踏实地、竭尽所能为农民群众服务,让农村的新貌、农民的笑脸成为青春的见证。

当事者说

收到习近平总书记回信的那一刻,张广秀起初不敢相信,继而内心激动不已。“作为一名普通的大学生村官,我并没做出什么轰轰烈烈的大事,但中央领导人这么关心我,我感觉特别荣幸。”张广秀说,读到习近平总书记信中“希望你仍要注意保重身体”一句时,她感到特别温暖。

从复信中,张广秀感受到了习近平总书记对她个人的关心,也感受到了他对全国大学生村官的关心和肯定,更感受到了他对广大基层干部的殷切期望和谆谆教导。“习近平总书记特别提到要给垆上村的老百姓转达节日的问候，这虽是很普通的一句话，但这说明他心里一直装着对基层、对老百姓的牵挂。”

作为收到习近平总书记回信的“明星村官”，张广秀表示，习近平总书记语重心长的回信，让她深感肩上的担子更重了，“我一定坚持自己的选择，在农村基层扎下根，让我的第二次生命不虚度”。

社会反响

接到习近平总书记的复信后，山东省委高度重视，时任山东省委书记姜异康立即作出批示，委托时任山东省委常委、组织部部长高晓兵连夜赶到烟台市福山区，向张广秀转交复信。姜异康在批示中指出，习近平总书记的复信，充分体现了对张广秀同志在内的所有大学生村官的亲切关怀和谆谆教导，充分体现了对广大农村基层干部带领农民群众改变农村面貌的殷切期望和重托，是一种巨大的精神力量。一定要以此为指引，更好地发挥大学生村官以及农村基层干部的作用，带领农民勤劳致富，把农村建设得更美好。

除夕之夜的垆上村，家家户户张灯结彩，火红的灯笼、祝福的春联将古朴的村庄装饰得喜庆漂亮，充满着

欢乐祥和的节日气氛。一大早,高晓兵就来到垆上村,亲手将习近平总书记的复信交给张广秀,一起阅读学习,并传达姜异康书记对学习复信精神的要求。接过复信,张广秀捧在手里,激动地说:“真没有想到,习近平总书记会给我回信。习近平总书记的回信就是我们最好的新年礼物。我就是一名普通的大学生村官,没做多少工作,党组织和社会各界给了我很多关爱。我一定扎根基层,虚心学习,脚踏实地工作,更好地为群众服务,为新农村建设尽自己的一分力,让青春无悔!”在场的大学生村官听了习近平总书记给张广秀的复信后,都非常激动,深受鼓舞。他们表示,习近平总书记的复信不仅是对张广秀的关心,也是对我们所有大学生村官的鼓励。我们一定努力工作,加倍奉献,帮助乡亲们早日实现他们的梦想。

高晓兵在听取了张广秀和其他大学生村官、村民的发言后,发表了热情洋溢的讲话。她指出,习近平总书记对张广秀的要求也是对大学生村官群体的要求,还是对农村基层党员干部的要求。希望大家认真学习、深刻领会习近平总书记的复信精神,按照姜异康书记的批示要求,充分发挥共产党员的先锋模范作用和农村党支部的战斗堡垒作用,把党在农村的各项方针政策宣传好、贯彻好、落实好，团结带领村里的群众努力奔康致富，过上更加美好的生活。各级组织部门要关心大学生村官的工作学习和思想进步，照顾好他们的生活，让他们在实践中得到锻炼，更好地成长，不辜负习近平总书记的殷切期望。

习近平总书记在复信中对乡亲们的问候和新春祝福，引起了强烈反响，现场响起阵阵热烈的掌声。张广秀和乡亲们争相传阅习近平总书记的复信，脸上洋溢着幸福的笑容，纷纷表示一定要认真学习领会复信精神，牢记嘱托和期望，艰苦奋斗，勤劳致富，以新农村建设的新成效来回报习近平总书记的深切关怀。①

① 习近平给大学生村官张广秀复信[N]. 光明日报，2014－02－14(01).

九　给河北保定学院西部支教毕业生群体代表的回信[①]

诵读回信

保定学院赴西部支教的青年朋友们：

你们的来信收悉。你们响应国家号召，怀着执着的理想，奔赴条件艰苦的西部和边疆地区，扎根基层教书育人，十几年如一日，写下了充满激情和奋斗的人生历程。你们的坚守、你们的事迹，令人感动。

我在西部地区生活过，深知那里的孩子渴求知识，那里的发展需要人才。多年来，一批批有理想、有担当的青年，像你们一样在西部地区辛勤耕耘、

---

① 习近平给河北保定学院西部支教毕业生群体代表回信[N]. 人民日报，2014－05－04(01).

默默奉献，为当地经济社会发展、民族团结进步作出了贡献。

同人民一道拼搏、同祖国一道前进，服务人民、奉献祖国，是当代中国青年的正确方向。好儿女志在四方，有志者奋斗无悔。希望越来越多的青年人以你们为榜样，到基层和人民中去建功立业，让青春之花绽放在祖国最需要的地方，在实现中国梦的伟大实践中书写别样精彩的人生。

在五四青年节到来之际，我向你们致以节日的问候！

习近平

2014年5月3日

梳理纪要

回信时间：2014 年 5 月 3 日

回信字数：353 字

回信对象：河北保定学院西部支教毕业生群体代表

对象性质：西部支教毕业生、西部基层服务青年志愿者

回信主题：当代中国青年、服务人民、奉献祖国

回信背景：五四青年节

背景扫描

在2014年五四青年节到来之际，中共中央总书记、国家主席、中央军委主席习近平给河北保定学院西部支教毕业生群体代表回信，向青年朋友致以节日的问候，勉励青年人到基层和人民中去建功立业，在实现中国梦的伟大实践中书写别样精彩的人生。

习近平总书记在信中表示，河北保定学院西部支教毕业生响应国家号召，怀着执着的理想，奔赴条件艰苦的西部和边疆地区，扎根基层教书育人，十几年如一日，写下了充满激情和奋斗的人生历程。他们的坚守、他们的事迹，令人感动。

习近平总书记指出，他在西部地区生活过，深知那里的孩子渴求知识，那里的发展需要人才。多年来，一批批有理想、有担当的青年，像河北保定学院西部支教毕业生一样在西部地区辛勤耕耘、默默奉献，为当地经济社会发展、民族团结进步作出了贡献。

习近平总书记强调，同人民一道拼搏、同祖国一道前进，服务人民、奉献祖国，是当代中国青年的正确方向。好儿女志在四方，有志者奋斗无悔。

河北保定学院西部支教毕业生群体

2000 年，响应国家西部大开发的号召，河北保定学院的 15 名毕业生毅然放弃多家用人单位的录用和继续深造的机会，带着户口选择到万里之遥的新疆且末县中学任教。从 2000 年到 2013 年，河北保定学院已有 97 名毕业生在新疆、西藏、贵州、重庆、四川等地的基层工作。虽然条件艰苦，但十几年来没有一人退缩，全部扎根在西部大地，参与见证了西部的改变和发展。2014 年，他们的事迹经《光明日报》报道后引起社会广泛关注。①

这个群体先后获得中央文明办“中国好人群体 · 敬业奉献好人集体”、光明日报社与央视“特别关注乡村教师支教团体”、河北省“三八”红旗集体、团中央“中国青年五四奖章集体”等荣誉称号。截至 2020 年，保定学院西部支教的毕业生已从 2013 年的 97 人发展到 170 多人，他们说，是西部让他们和祖国连得更紧，是梦想让他

---

① 习近平给河北保定学院西部支教毕业生群体代表回信——勉励青年人到基层和人民中去建功立业　在实现中国梦的伟大实践中书写别样精彩的人生[N]. 人民日报，2014 - 05 - 04(01).

们的脚步走得更远。①

西部大开发

实施西部大开发战略是党中央、国务院总揽全局、面向新世纪作出的重大决策,于1999年9月召开的中共十五届四中全会上正式提出,并在同年11月召开的中央经济工作会议中作了具体部署。

西部大开发的范围主要包括重庆、四川、贵州、云南、西藏、陕西、甘肃、青海、宁夏、新疆、内蒙古、广西12个省、自治区、直辖市等地。整个西部地区约占全国国土总面积的71%。

早在20世纪50年代,毛泽东同志在《论十大关系》中就强调要处理好沿海工业和内地工业的关系。1988年,邓小平提出“两个大局”战略思想:沿海地区要加快对外开放,较快地先发展起来,这是一个事关大局的问题。发展到一定的时候,又要求沿海要拿出更多的力量帮助内地发展,这也是个大局。1992年,邓小平在南方

① 耿建扩,等.青春之花,绽放在祖国最需要的地方——保定学院西部支教毕业生群体扎根基层教书育人二十年[N].光明日报,2020-08-14(01).

谈话中提出：在20世纪末达到小康水平的时候，就要突出地提出和解决这个问题。

实施西部大开发战略，事关国家经济社会发展的全局，必将大大增强我国经济发展的动力和抵御风险的能力，也将促进少数民族和民族地区的发展进步，加强民族团结，维护祖国统一，实现各民族的共同繁荣。

殷切期望

习近平总书记的回信以河北保定学院西部支教毕业生群体为榜样，用服务人民、奉献祖国为当代中国青年指明了方向，必将鼓舞广大青年到西部去、到基层去、到祖国最需要的地方去，奉献青春热血，书写别样精彩的人生。

习近平总书记在回信中提出殷切希望："希望越来越多的青年人以你们为榜样，到基层和人民中去建功立业，让青春之花绽放在祖国最需要的地方，在实现中国梦的伟大实践中书写别样精彩的人生。"

脉络追寻

五四青年节

五四青年节源于反帝爱国的"五四运动"。五四运

动是1919年5月4日发生在北京的一场以青年学生为主,广大群众、市民、工商人士等阶层共同参与的,通过示威游行、请愿、罢工、暴力对抗政府等多种形式进行的爱国运动;五四运动是一次彻底的反对帝国主义和封建主义的爱国运动,也是中国新民主主义革命的开始,又称“五四风雷”。

给边疆栽上万朵鲜花①

新疆巴音郭楞蒙古自治州且末县,是河北保定学院西部支教毕业生群体最早到达的地方。且末一中语文教师李桂枝,就是2000年首批到来的15人之一。从那

① 王斯敏,陈元秋,耿建扩.给边疆栽上万朵鲜花——记河北保定学院西部支教毕业生群体[N].光明日报,2021-08-04(01).

时起，新疆、西藏、贵州、广西……保定学院已有202名毕业生奔赴西部。

2000年3月30日，新疆且末二中在保定学院招聘教师的面试开始了。且末二中时任校长段军在招聘宣讲会上介绍，该校初一的7个班中有6个还没有班主任，“那里的孩子需要你们！”

很多人一下子被“击中”了：被需要的青春，才最宝贵。侯朝茹当即签约。她铺开地图一寸一寸地找，终于在塔克拉玛干沙漠东南角看到一个小黑点：且末。她在日记里写下：“到西部去！我愿驾驭青春驰骋在生命的原野上，任他风雨雷电。”父母不舍，和她冷战了一个月。直到出发前一刻，母亲才一把抱住她，失声痛哭。

这次的团队有14位同伴，他们从全校报名的200多人中脱颖而出，其中6人是共产党员，3人是河北省优秀毕业生，每个人的态度都很坚决。2000年8月5日，15个意气风发的身影在母校师生的欢送声中登上西行列车。“他们是带着户口离开的。”保定学院党委书记胡连利回忆，“当时，大学生志愿服务西部计划还未启动，去西部工作没有任何特殊优惠政策。”

且末是全国面积第二大的县，近四成土地被沙漠覆盖。年降水量不足20毫米，年均沙尘天气近200天。

他们明白了段军校长的话：不是没从各地招过老师，但一场风沙过后，总会“刮”走几个。

可他们没有走，2003 年，他们在且末带出的第一批初中生毕业了。孩子们的中考成绩在巴音郭楞蒙古自治州首次名列前茅，且末教育“老末”的帽子摘掉了！

“我们选择了平凡，但没有平庸……我们愿意做一棵棵红柳、一株株格桑花，扎根西部、坚忍不拔、甘于吃苦、平实做人，为广袤的土地带去无尽的生命力！”在给习近平总书记的信中，他们这样写道。

今天，习近平总书记的回信被镌刻在保定学院最醒目处。一批批学子在这里入学宣誓，从这里毕业出发。2018 年起，学院又启动了派驻顶岗实习生的支教新模式。

当事者说

“没想到习近平总书记这么快就回信了，这更加坚定了我们扎根西藏的决心。”2002 年从保定学院毕业进藏工作的岳刚说，3 月他和其他扎根西部的校友给习近平总书记写信，汇报情况，4 月初寄了出去。“我们在信中真实说明了在西部工作的实际情况，包括各种困难和困惑。感谢习近平总书记对我们的关心。”①

河北保定学院西部支教毕业生群体成员之一、新疆且末中学教师李桂枝说:“习近平总书记的回信字字千钧,暖人心脾,这不是对我们这个群体某个人的肯定,是对时代精神的肯定。中国发展不能没有西部,我们今生青春无悔。请母校放心,请祖国放心,我们会把自己最大的孝与爱献给西部的父老,献给边疆的孩子,献给伟大的祖国,这就是我们的中国梦。”②

社会反响

习近平总书记热情洋溢的回信给保定学院的全校师生带来巨大鼓舞和激励。2011 级信息技术系学生钮隆旭表示,看完习近平总书记回信的新闻,很感动,感觉

① 让青春之花绽放在祖国最需要的地方——习近平总书记给河北保定学院西部支教毕业生群体代表的回信引发强烈反响[EB/OL].(2014-05-04)[2022-06-18]. http://www.xinhuanet.com/politics/2014-05/04/c_1110527660.htm?ivk_sa=1024320u.

② 青年热议习近平回信:为中国梦送去青春的问候[EB/OL].(2014-05-03)[2022-06-18]. http://www.xibu.youth.cn/tlbt/201405/t20140504_5132913.htm.

榜样就在身边。“师哥师姐用他们的实际行动诠释了习近平总书记说过的那句话‘现在的青春是用来奋斗的，将来的青春是用来回忆的’。如果有机会的话，我一定会追随他们的步伐奔赴祖国边疆，将青春奉献给祖国西部，把母校的精神更好地传承下去。”

时任保定学院党委书记王军说，“习近平总书记的回信，不仅仅是对扎根边疆、建功立业的保定支教毕业生的勉励，也是对保定学院全体师生的鼓舞和鞭策，更为青年实现人生价值指明了方向。我们将牢记习近平总书记的嘱托，在践行社会主义核心价值观、教书育人上搭建更好平台，进一步探索新形势下大学生就业创业体制，把‘西部支教’这一品牌做强做大”。

在新疆的志愿者群里，当有志愿者将习近平总书记给保定学院西部支教毕业生群体代表回信的新闻发送出来时，武汉大学第十五届研究生支教团的张梦硕第一时间表达了自己的感动：“作为同样在祖国西部奋斗的一名支教者，我倍受鼓舞。对于个人梦想，曾想过展现光彩一面才算成功；对于集体的梦，也曾以为只有在显赫岗位建功立业才算有贡献，而现在我觉得，个人梦想只有融入中国梦之中，才有意义；个人奋斗只要契合国家需要，就算是有价值。我们就是要把个人梦想与发展融入中华民族伟大复兴的浪潮中，发挥力所能及的光和热才不枉青春。”

第九届中国青年志愿者优秀个人奖获得者、留疆志愿者许晓艳说：“看到习近平总书记的回信，我更坚信自己两次选择新疆是正确的。习近平总书记的殷殷教导和嘱托是一股强大又温暖的力量，支撑着我们坚守最初的选择，在这片我们热爱也热爱我们的土地上，在这个我们需要也需要我们的舞台上，奉献我们的青春、热血甚至一生。”①

回信也在社会各界特别是青年中引发强烈反响。时任团中央学校部部长杜汇良、青年志愿者工作部党组书记侯宝森代表广大青年表示，习近平总书记的回信，充分体现了党和国家对有志于到西部、到基层、到祖国最需要的地方去锻炼成长的广大青年学生和西部支教志愿者的亲切关怀和殷切期望，也为当代青年的成长指明了正确方向。

许多青年表示要把习近平总书记的教诲作为自身

---

① 青年热议习近平回信：为中国梦送去青春的问候[EB/OL].(2014－05－03)[2022－06－18]. http://www.xibu.youth.cn/tlbt/201405/t20140504_5132913.htm.

成长的行动指南。习近平总书记的回信,让当时即将去宁夏支教的复旦大学2010级材料科学系大四学生范圣男越发坚定了自己的选择。“作为一个名校毕业的女孩子,找份体面的工作,再嫁个有钱人,可能是最稳妥的选择。去西部支教,在很多人看来是自讨苦吃,甚至是走上了一段‘弯路’。但我觉得,青春就是最大的资本,应该让自己多受一些历练。这样,在以后的人生道路上,对顺境会更珍惜,对逆境也会更从容。”①

① 让青春之花绽放在祖国最需要的地方——习近平总书记给河北保定学院西部支教毕业生群体代表的回信引发强烈反响[EB/OL].(2014-05-04)[2022-06-18]. http://www.xinhuanet.com/politics/2014-05/04/c_1110527660.htm?ivk_sa=1024320u.

十　给南开大学8名新入伍大学生的回信[①]

诵读回信

阿斯哈尔·努尔太等同学：

你们好！我看了来信，得知你们怀揣着从军报国的理想，暂别校园、投身军营，你们的这种志向和激情，让我感到很欣慰。

自古以来，我国文人志士多有投笔从戎的家国情怀。抗战时期，许多南开学子就主动奔赴沙场，用鲜血和生命诠释了爱国、奉献的精神内涵。如今，你们响应祖国召唤参军入伍，把爱国之心化为报国之行，为广大有志青年树立了新的榜样。

① 习近平总书记给南开大学8名新入伍大学生的回信[N].人民日报，2017-09-26(01).

希望你们珍惜身穿戎装的机会，把热血挥洒在实现强军梦的伟大实践之中，在军队这个大舞台上施展才华，在军营这个大熔炉里淬炼成钢，书写绚烂、无悔的青春篇章。

习近平

2017年9月23日

梳理纪要

回信时间：2017年9月23日

回信字数：254字

回信对象：南开大学8名新入伍大学生

对象性质：大学生、军人

回信主题：当代中国青年、爱国主义、奉献人民

回信背景：中国人民解放军建军90周年

背景扫描

2017年9月14日，为响应党和国家的号召，响应习近平总书记强军目标、建设世界一流军队的召唤，8名南开大学学生选择参军入伍，积极投身于国防建设。同

时，他们给习近平总书记写信汇报了从军报国的决心和信心，表示要像习近平总书记青年时代那样，不怕磨炼，献身国家，让青春唱响信仰之歌。[1] 写信内容如下：

尊敬的习主席：

您好！我们是刚刚参军入伍的8名南开大学学生。在中国人民解放军建军90周年之际，我们响应党和国家的号召，响应您实现强军目标、建设世界一流军队的召唤，决心携笔从戎，报效党和国家。9月10日，学校为我们8名新兵举行了隆重的欢送大会，在数百名老师和同学的见证下，胸戴红花，肩披绶带，我们感到无比光荣，更感到一种沉甸甸的责任与担当。

复兴业，须人杰；强军梦，展伟略。党的十八大以来，您提出“建设一支听党指挥、能打胜仗、作风优良的人民军队”的强军目标，以雄才伟略领导和推进政治建军、改革强军、科技兴军、依法治军，使人民军队面貌一新，体现了党心所盼、民心所愿、军心所向，令我们青年大学生倍受鼓舞、倍感振奋！

“90后”的我们，生在和平年代、中华盛世，深知是无

① 南开入伍学生畅谈习近平回信：无悔青春选择　立志报效国家[EB/OL].(2017-09-27)[2022-07-14].http://www.edu.people.com.cn/n1/2017/0927/c1006_29562855.html.

数革命先烈抛头颅、洒热血才换来今天的美好生活,更需铭记历史、珍爱和平,不忘初心、接续奋斗。作为南开大学的学生,我们入学第一课就是传习“允公允能、日新月异”的南开精神,体悟“爱国、敬业、创新、乐群”的光荣传统。抗战时期,南开大学惨遭日寇毁掠,师生不畏艰险,南迁长沙又至昆明,与北大、清华合组西南联大,刚毅坚卓、弦歌不辍。今天的南开园,仍矗立着一座“西南联大纪念碑”,碑的背面刻有 834 名联大参军学生的名字。在不同历史时期,都有许多南开人投笔从戎、献身革命,为民族独立、人民解放和国家富强而忠诚奉献、英勇牺牲。这给了我们极大的震撼,也带给我们深深的思考。强大的国家需要强大的国防,一流的军队需要一流的人才,我们愿意在人民军队的“大熔炉”中淬火锻造、百炼成钢,把自己的知识、智慧、青春和热血献给国防和军队建设,献给维护祖国长治久安、让人民永享和平安宁的伟大事业!

在我们 8 人中,有烈士的儿女,有老兵的后人,有城市孩子,有农家子弟,投身军营、磨砺意志是我们共同的成长心愿。最近几天,我们怀着无比崇敬的心情,阅读了记述您青年时代故事的《习近平的七年知青岁月》一书。您的成长经历让我们愈发懂得,一个人在青年时期经历一些磨炼不仅十分必要而且大有裨益，这更加坚定了我们从军报国的决心和信心。请您放心，我们将坚决听党指挥、遵守纪律、苦练本领，忠实履行当代中国军人的神圣使命，为实现新时代的强军目标和中华民族伟大复兴的中国梦贡献青春和力量！

我们即将告别熟悉的老师同学，暂别优美安静的大学校园，满怀豪情走向军营，临行之际以一函书信向您表诉入伍心声，表达南开学子对党对祖国对人民的绝对忠诚，热切期待您的教导和嘱托！

此致

军礼！

您的战士

2017 年 9 月 14 日于南开大学

南开大学

南开大学由严修、张伯苓秉承教育救国理念创办，成立于 1919 年。1937 年校园遭侵华日军炸毁而南迁，与北京大学、清华大学在长沙合并组建国立长沙临时大学。1938 年迁往昆明，更名为国立西南联合大学。1946 年回津复校并改为国立。中华人民共和国成立后，经历高等学校院系调整，成为文理并重的全国重点大学。改

革开放以来,天津对外贸易学院、中国旅游管理干部学院相继并入。

南开大学位于天津市,由教育部直属,中央直管副部级建制,是国家“世界一流大学建设高校(A 类)”、国家“211 工程”和“985 工程”重点建设高校,入选国家“珠峰计划”“强基计划”“2011 计划”“111 计划”、卓越法律人才教育培养计划、国家建设高水平大学公派研究生项目、全国深化创新创业教育改革示范高校、中国政府奖学金来华留学生接收院校、学位授权自主审核单位,为国际公立大学论坛成员,是“学府北辰”之一。

西南联合大学

西南联合大学是中国抗日战争开始后高校内迁设于昆明的一所综合性大学。1937 年 11 月 1 日,由北京大学、清华大学、南开大学在长沙组建成立长沙临时大学(这一天也成为西南联大校庆日)。1938 年 2 月,长沙临时大学迁至昆明。1938 年 4 月,改称国立西南联合大学。

从 1937 年 8 月长沙临时大学组建开始,到 1946 年 7 月 31 日西南联合大学停止办学,西南联大前后共存在了 8 年零 11 个月,“内树学术自由之规模,外来民主堡垒之称号”，保存了抗战时期的重要科研力量，培养了一大批卓有成就的优秀人才，为中国和世界的发展进步作出了杰出贡献。

1946 年 8 月，三校复员北返后，西南联大师范学院留昆明联大旧址独立设置，定名国立昆明师范学院，1984 年改称云南师范大学，其旧址现为全国重点文物保护单位、全国首批百个爱国主义教育示范基地、全国红色旅游经典景区、全国红色旅游精品线路、国家级海峡两岸交流基地、国家级抗战纪念设施遗址、全国免费开放博物馆、民盟中央传统教育基地、云南省社会科学普及示范基地、云南省国防教育示范基地等。

殷切期望

2017 年 9 月 23 日，习近平总书记给南开大学 8 名新入伍大学生回信，肯定他们携笔从戎、报效国家的行为，勉励他们把热血挥洒在实现强军梦的伟大实践之中，书写绚烂、无悔的青春篇章。习近平总书记在回信中提出了殷切期望：“希望你们珍惜身穿戎装的机会，把热血挥洒在实现强军梦的伟大实践之中，在军队这个大舞台上施展才华，在军营这个大熔炉里淬炼成钢，书写绚烂、无悔的青春篇章。”

脉络追寻

投笔从戎

大丈夫无他志略，犹当效傅介子、张骞立功异域，以取封侯，安能久事笔砚间乎？

——［南朝宋］范晔《后汉书·班超传》

注：这里的“从戎”是指从军，参军。“投笔从戎”意思是扔掉笔去参军，指文人从军。

东汉初年，有一位非常杰出的政治家和外交家，此人名叫班超。他年轻的时候，家里很穷，靠帮官府抄写公文勉强过日子。

抄写工作十分辛苦，而且抄写的东西还非常多，经常要工作到半夜才能睡觉。官府对于抄写的要求也非常严格，抄写人员抄错一个字，就要受责骂，还要被扣工钱，甚至被开除。因此，班超工作时特别小心翼翼，每天都累得腰酸背痛，眼睛直冒金星。除了累以外，抄写工作还特别枯燥。一份同样的公文常常要抄好几遍，有时甚至多达几十遍，这使得班超非常烦躁。

有一天，班超正在抄写公文的时候，写着写着，突然间站起来，狠狠地将笔扔到地上，非常愤怒地说：“大丈夫应该像傅介子、张骞那样，在战场上立下功劳，怎么可以在这种抄抄写写的小事中白白地消耗一生呢！”因此，他决定学习傅介子、张骞，为国家的外交事业作出贡献。

从那以后，班超就扔掉了手中的笔参了军，永平十六年（公元73年），奉车都尉窦固出兵攻打匈奴，班超随从北征，在军中任假司马（代理司马）之职。假司马官很小，但它是班超文墨生涯转向军旅生活的第一步。班超一到军旅之中，就显示了与众不同的才能。窦固很赏识他的军事才干。

由于他作战非常勇敢，立下许多战功，很快就被封了官。后来，他建议和西域各国来往，以便共同对付匈奴。朝廷采纳了他的建议，就派他带着数十人出使西域。在西域的三十多年中，他靠着智慧和胆量，渡过各式各样的危机。

班超一生总共到过五十多个国家，和这些国家和平建交，也同时宣扬了汉朝的国威，后被封为定远侯。后来，人们把班超投笔于地、参军作战的故事称作“投笔从戎”，用来比喻弃文从武，有志报国。

南开大学杰出校友周恩来

1913年8月，怀揣“为中华之崛起而读书”志向的周

恩来,考入天津南开学校,即今天津市南开中学。当时的南开学校办学规模仅为中学,从1919年至1928年,逐步发展成为包括大学、中学、女中、小学在内的南开系列学校完整教育体系。南开学校注重德、智、体、美“四育”并进的教育理念,以及严格的学习和生活管理制度,对青年时期的周恩来产生了重要影响。在校期间,他品学兼优,国文和数学成绩尤为突出。与此同时,周恩来积极参加课外活动,表现出很强的社会活动能力和组织能力。他与同学共同创办“敬业乐群会”,主持出版了会刊《敬业》,并先后担任过《校风》的总经理、演说会副会长、国文学会干事、江浙同学会会长、新剧团布景部副部长、暑假乐群会总干事和班中干事。他对公益活动尽心尽力,曾在致友人信中说:“课外事务则如猬集,东西南北,殆无时无地而不有责任系诸身。人视之以为愚,弟当之尚觉倍有乐趣存于中。”南开学校《第十次毕业同学录》中对周恩来的评语是:“君性温和诚实,最富于感情,挚于友谊,凡朋友及公益事,无不尽力。”他的人品与才学深得严修和张伯苓的赏识,张伯苓曾多次说过:“周恩来是南开最好的学生。”

周恩来于1917年6月从南开学校毕业,同年9月东渡日本求学。临行前,写下了那首抒发他青年时期救国抱负的著名诗篇:“大江歌罢掉头东,邃密群科济世穷。面壁十年图破壁,难酬蹈海亦英雄。”

1919年9月25日,南开大学正式开学(对内称南开学校大学部),首期招收学生96人,周恩来经严修、张伯苓批准免试入文科学习,学籍注册62号。至今,南开大学档案馆里仍珍藏着当年周恩来的入校登记表和开学典礼纪念合影。

周恩来作为新中国的开国总理,肩负千钧,日理万机,仍始终关心着母校南开大学的发展。每次学校派人到北京开会,只要他在场,就一定会问“南开来人没有”。20世纪50年代,他三次重返母校视察,详细了解学校的教学科研和师生的学习生活,殷切希望“南开在新的时代要有新的校风,有新的教学重点,要保证质量,真正能够很好地为社会主义服务”。

转眼间,敬爱的周总理已离开我们40多年了,但对于全体南开人而言,他从未远离。每逢周总理逝世纪念日、诞辰纪念日和清明时节,南开师生和校友都会自发到校园内的周总理塑像和纪念碑前凭吊致祭。1979年3月,经教育部批准,南开大学周恩来研究室正式成立(在此基础上1997年成立了周恩来研究中心),成为国内第一家专门从事周恩来研究的科研机构。进入21世

纪以来，南开大学更相继设立了“周恩来班”和“周恩来奖学金”，作为南开学子的最高荣誉，以“恩来精神”激励学生树立远大理想，勇攀高峰，锐意创新。纪念周恩来，研究周恩来，学习周恩来，已在南开大学蔚然成风，周恩来的思想风范和精神品格，亦在南开师生中得到代代传承和弘扬。①

当事者说

哈萨克族新战士阿斯哈尔·努尔太看到习近平主席给他和 7 名同批入伍大学生回信的报道后，激动地流下了幸福的泪水。

同样的幸福感，也在胡一帆、蔚晨阳、王晗、贾岚珺、戴蕊、李业广、董旭东这些参与写信的南开学子身上强烈涌动。

“在军队这个大舞台上施展才华，在军营这个大熔炉里淬炼成钢”。认真学习习近平主席饱含深情的回信，广大入伍新兵感受到了厚重关怀和殷殷嘱托，激发了建功军营、绽放青春的壮志豪情。

① 徐悦. 他从未远离——深切缅怀南开杰出校友周恩来[N]. 天津日报，2016－01－11(10).

社会反响

“明年咱也到部队去百炼成钢。”“学长好样的，青年人就应化爱国之心为报国之行。”……习近平主席给南开大学 8 名新入伍大学生的回信引发高校青年学子热议，校园内处处传递着习近平主席的暖心话语，也尽情表达着青年学子对军营的憧憬。

一封回信，一片关爱，让南开大学的学子处在这份“甜蜜漩涡”的正中心。“蔚晨阳太酷了！”2015 级汉语言文学专业学生吴国豪表示，“从手机上看到习近平主席回信的消息后，全班沸腾了，习近平主席的回信是对蔚晨阳从军报国行为的肯定，也是对我们其他同学的激励。不少同学说明年到部队找蔚晨阳会合去！”

青年学生兴奋不已，教职员工同样激动。胡一帆的辅导员张玉川说：“我为班里学生携笔从戎的选择感到骄傲，他们是有责任有担当的新一代。以后，我们会动员更多优秀学子到军队大舞台施展才华，在军营大熔炉里淬炼成钢。”

看到习近平主席的回信，最高兴的还是负责南开大学征兵工作的天津市南开区人武部干部职工。滨海新区常委、滨海新区军事部政委车兴东说：“实践育人，不

止于校园。育人成才，不止于南开。习近平主席的回信是我们征兵工作的最好动员令，为我们做好征兵工作提供了强大动力和坚定信心。”

回信如同十里春风，把习近平主席的浓情暖意率先吹遍了渤海湾。课间，在同学们的热情邀约下，退役复学刚 3 天的天津理工大学管理学院学生于海洋向大家介绍自己在部队的经历，他感慨道：“每个有志男儿都该到部队去淬炼自己、成就自己。南开大学的 8 名战友能得到习近平主席的关怀，真是太幸福了。祝愿他们带着习近平主席的殷切期盼在部队早日建功。”

“习近平主席给南开大学 8 名新入伍大学生回信了！”2019 年 9 月 25 日，清华大学退伍老兵的微信群被这个消息和相关评论刷屏：“中国的未来属于青年，中华民族的未来也属于青年！”“习近平主席关注大学生士兵，咱们成了走在时代前沿的人！”……

“从 2016 年起，全国大学生报名应征人数就超过 100 万，2017 年这个数字再创新高。越来越多的大学生把投身国防、报效祖国作为青春选择和价值追求。军队需要的就是这样志存高远、无私奉献的强军人才。”一位长期从事国防教育工作的专家对近年来高校学生参军热情高涨的形势表示欣慰，“习近平主席的回信，会影响更多学生的选择，帮助大家在成长道路上实现个人价值与国家需要的统一”。

李一波是北京大学2016级日语系学生，从小向往军营，却因身体条件未能入伍，于是他选择以到学校武装部当助理的方式服务部队。他说：“习近平主席的回信情真意切，体现了对我们大学生的重视。我也要做好力所能及的事，为国防和军队建设献上绵薄之力。”

在山东大学，130多名国防生集体学习习近平主席的回信并写下读后感。2014级会计专业的杨皓洁当时这样写道：“一年后，我也会奔赴部队，将自己的才能带到部队，为强军目标增光添彩。”

而在距离首都3 000多公里的新疆，新疆大学学生马依兰当时正在准备新学期课程，她刚从部队退役。新学期，新起点，在看到习近平主席给南开学子的回信后，她动力十足：“习近平主席的话好亲切，是照亮学子心田的一盏明灯！在我当新兵时就听曾受过习近平主席接见的老班长讲，习近平主席对部队有感情，关心着大江南北军营中的每一名战士。我真想再去体验吹角连营的生活！”

“爱国从来都不是一件纸上谈兵的事，习近平主席给南开学子的回信肯定了‘携笔从戎、报效国家’的人生

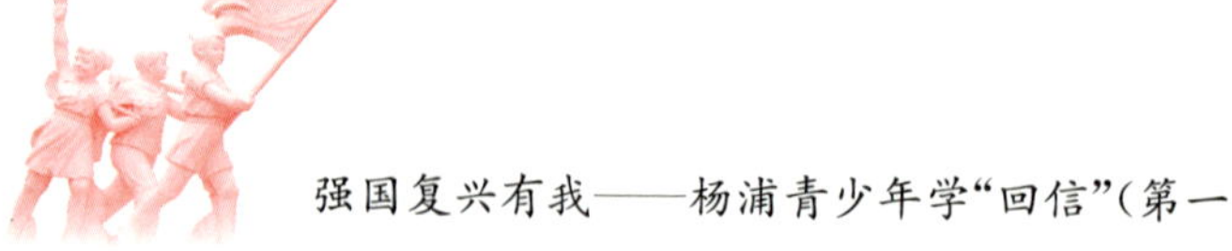

价值。今天，南开学子继承先辈的血火荣光穿上戎装，明天我们也要带着南大的诚朴厚实奔赴军营。”南京大学文学院2015级学生王夏桥信心满怀。①

① 主席的嘱托召唤我进军营——习主席给南开大学8名新入伍大学生的回信在全国高校引起强烈反响[EB/OL].(2017-09-28)[2022-07-12]. http://www.military.workercn.cn/265/201709/28/170928075334147.shtml.

十一　给中国石油大学(北京)克拉玛依校区毕业生的回信[①]

诵读回信

中国石油大学(北京)克拉玛依校区的毕业生们:

你们好!来信收到了,得知你们118名同学毕业后将奔赴新疆基层工作,立志同各族群众一起奋斗,努力成为可堪大用、能担重任的西部建设者,我支持你们作出的这个人生选择。

这场抗击新冠肺炎疫情的严峻斗争,让你们这届高校毕业生经受了磨炼、收获了成长,也使你们切身体会到了"志不求易者成,事不避难者进"的道

① 习近平给中国石油大学(北京)克拉玛依校区毕业生的回信[N].人民日报(海外版),2020-07-09(01).

理。前进的道路从不会一帆风顺，实现中华民族伟大复兴的中国梦需要一代一代青年矢志奋斗。同学们生逢其时、肩负重任。希望全国广大高校毕业生志存高远、脚踏实地，不畏艰难险阻，勇担时代使命，把个人的理想追求融入党和国家事业之中，为党、为祖国、为人民多作贡献。

各级党委、政府和社会各界要切实做好高校毕业生就业工作，采取有效措施，克服新冠肺炎疫情带来的不利影响，千方百计帮助高校毕业生就业，热情支持高校毕业生在各自工作岗位上为党和人民建功立业。

习近平

2020年7月7日

梳理纪要

回信时间：2020年7月7日

回信字数：389字

回信对象：中国石油大学（北京）克拉玛依校区的毕业生们

对象性质：大学生

回信主题：新疆基层工作、西部大开发、抗击新冠肺炎疫情

回信背景：中国石油大学 118 名毕业生将奔赴新疆基层工作

背景扫描

2015 年 10 月 21 日，教育部批复中国石油大学（北京）建设克拉玛依校区，2016 年面向全国招生。2020 年，中国石油大学（北京）克拉玛依校区迎来首届毕业生。临近毕业，面对全国暴发的新冠肺炎疫情，该校 118 名毕业生没有被困难阻碍发展的脚步，而是决定迎难而上选择留在新疆基层。

这些毕业生给习近平总书记写信，汇报大学 4 年学习和思想上的收获，表达了扎根西部、建设边疆的坚强决心。习近平总书记的回信温暖激励广大高校毕业生以青春之我矢志奋斗。①

① 习近平给中国石油大学（北京）克拉玛依校区毕业生回信：把个人的理想追求融入党和国家事业之中[J]. 中国人才，2020(08).

克拉玛依油田

克拉玛依是新疆维吾尔自治区下辖的地级市,是以石油命名的城市,"克拉玛依"系维吾尔语"黑油"的译音,克拉玛依油田是新中国成立后勘探开发的第一个大油田。1955 年 10 月 29 日,克拉玛依 1 号井喷油,这象征着新中国第一个油田的诞生。克拉玛依油田投入生产之后,从一点到多地,大庆、胜利、辽河等大型油田相继为中国经济源源不断地输入强劲动能。

中国石油大学

中国石油大学坐落于北京市,是教育部直属全国重点大学,国家"211 工程"、国家"985 工程优势学科创新平台"项目建设高校。

1953 年,为支持新中国的经济建设和石油工业发展,以清华大学石油系、化工系为基础,汇聚北京大学、天津大学等高校的石油石化等系科,新中国第一所石油高等院校中国石油大学的前身——北京石油学院正式创立。1969 年更名华东石油学院,1988 年更名石油大学,2005 年更名中国石油大学。

西部大开发战略的重大意义

西部大开发战略，是全面建设小康社会、确保现代化建设第三步战略目标胜利实现的重大部署，是促进各民族共同发展和富裕的重要举措，是保障边疆巩固和国家安全的必要措施，关系全国经济社会发展的大局。有利于推动经济结构的战略性调整，促进地区经济协调发展；有利于改善全国的生态状况，为中华民族的生存和发展创造更好的环境；有利于培育全国统一市场，完善社会主义市场经济体制；有利于进一步扩大对外开放，用好国内外两个市场、两种资源，具有重要的现实意义和深远的历史影响。①

担当新时代使命

担当新时代使命，当代青年就要坚定理想信念，秉承五四先驱那样赤诚的中国心、火热的爱国情，不忘初心跟党走，自觉用习近平新时代中国特色社会主义思想武装头脑，用好科学理论这一指路明灯和有力武器，不

① 中共中央 国务院关于新时代推进西部大开发形成新格局的指导意见[N]. 人民日报，2020-05-17(01).

因挫折而彷徨,不因迷雾而徘徊,始终保持清醒头脑,笃定人生航向。自觉同人民一起奋斗,同人民一起前进,同人民一起梦想,积极地实践,锤炼品德修为,增长本领才干,勇于创新创造,展现出青年一代的蓬勃朝气和昂扬锐气,为加快推动国家创新发展和社会文明进步贡献青春才智。担当新时代使命,当代青年就要投身强国伟业,始终保持艰苦奋斗的前进姿态,把个人理想与奋斗同国家民族的前途命运紧密联系在一起,在追梦圆梦的道路上矢志拼搏奋斗,努力干事、奋力创业,在成就“大我”中实现“小我”,勇做走在时代前列的奋进者、开拓者、奉献者。中国青年要牢记习近平总书记嘱托,传承五四火炬,不负强国使命,在中华民族伟大复兴的新长征路上奋勇搏击!①

殷切期望

习近平总书记的回信,以 118 名同学毕业后奔赴新疆基层工作努力可堪大用为鼓舞,用“志不求易者成,事不避难者进”为青年指明前行的方向,体现了习近平总

① 牢记总书记嘱托　担当新时代使命[N]. 中国青年报,2020-05-04(04).

书记对青年为社会和国家奋斗的殷切希望，这必定会鼓励青年在不断实践的过程中不断成长，在克服艰难困苦中践行初心使命，为中国特色社会主义事业贡献青春的光和热。习近平总书记殷切希望：全国广大高校毕业生志存高远、脚踏实地，不畏艰难险阻，勇担时代使命，把个人的理想追求融入党和国家事业之中，为党、为祖国、为人民多作贡献。

脉络追寻

志不求易者成，事不避难者进

《后汉书 · 虞诩传》中有言："志不求易，事不避难……不遇盘根错节，何以别利器乎？"这段话意思是说立志不求易成，行事不避艰难。就比如砍柴，如果没有遇到盘根错节，怎么能分辨利刃与钝刃的区别呢？后人常用"志不求易者成，事不避难者进"来告诫人们只有志存高远，坚定不移，迎难而上，才会取得最后的成功。立志不贪求容易实现的目标，行事不躲避风险困难。

东汉汉安帝永初年间，朝歌一带叛匪宁季等数千人连年聚众作乱，攻杀县吏，州郡无法平定。大将军邓骘便命虞诩作朝歌县官。当故人旧友都为他深感忧虑之

时，虞诩坦然笑答：“志不求易，事不避难，臣之职也。不遇盘根错节，何以别利器乎？”虞诩的这番话充分体现了他迎难而上的担当意识。

只有荒凉的沙漠，没有荒凉的人生①

夏日骄阳当空，大地变成暖白色；新疆古尔班通古特沙漠一望无际，像一幅静止的画。

中国石油大学（北京）克拉玛依校区首届毕业生中，118名选择留在新疆基层就业，杨兴就是其中一员。他来到新疆油田公司陆梁作业区，成为一名石油工人。

2020年7月7日，杨兴永远记着这个日子——这一天，习近平总书记给中国石油大学（北京）克拉玛依校区毕业生回信，肯定他们到边疆基层工作的选择，对广大高校毕业生提出殷切期望。

只有贴近草皮，才能看清草根，真正找到自己想要扎根的土地在哪里。在很多人眼里，克拉玛依是荒芜的，沙漠连绵，人烟稀少。诗人艾青曾把克拉玛依比为“沙漠的美人”，但还不忘给它加上限定语——“最荒凉

① 刘江伟，王瑟，张雪瑜．只有荒凉的沙漠，没有荒凉的人生——记中国石油大学（北京）克拉玛依校区毕业生群体[N]．光明日报，2021－07－26(01)．

的地方”。

四年的专业学习，让这批毕业生对石油的认识愈加深刻。石油是战略能源，是工业的血液、国家的命脉。他们清楚，自己的专业跟国家发展有直接而密切的关系。

西部，是希望的田野，创业的沃土。2020 年 5 月，《中共中央 国务院关于新时代推进西部大开发形成新格局的指导意见》发布，西部发展空间越来越大。

杨兴深信，脚下这片广袤的土地，是他们大展拳脚的地方。他决心扎根边疆，以梦为马，不负韶华。

魏鹏飞躺在床上，浑身瘫软，再也使不出半点力气。深夜时分，整个戈壁滩都沉睡了，只有蚊虫飞来飞去，忙着寻觅目标。尽管戴着耳塞，依然能清楚地听到“嗡嗡”声。

这是魏鹏飞到修井现场的第 20 天。白天，他跟着同事，守候在井场，逐个“望闻听切”，揣摩每口井的“病况”，建立健康状况档案，研究治疗方案。一天奔波后，晚上终于可以休息了。

“基层工作没有太多轰轰烈烈，更多的是细微琐碎、旁枝末节，每天周而复始，循环往复，考验的是人的经验和耐心。这里，需要更多的平凡英雄。”这是魏鹏飞从实习中提炼出的哲学。

生活条件艰苦，忍一忍就过去了；但孤独，那见不到人的孤独，常常紧逼他们的精神极限。魏鹏飞住的简易房，方圆百里罕有人烟，就像是浩瀚大海中的一叶小舟，每次见到陌生人，就跟见到亲人一样。

在基层这块“磨刀石”上，魏鹏飞渐渐磨去了稚嫩，磨平了粗粝，磨出了坚韧。

2020 年，给习近平总书记写信的 118 名同学专门建了一个微信群，群名是“118 中石大小伙伴”。有时值班辛苦，发张自拍照，大家相互鼓劲；每当“解锁”一项工作新技能，在群里晒一晒，就能收到各式各样的点赞表情；还有生活趣事、工作趣闻、人生哲理……微信群像一个时间的容器，安放了他们的收获与成长，珍藏着每个人的蜕变瞬间。

“有的人游戏人生，有的人愿做苦行僧。”王源培在朋友圈写过这样一句话。他坚定选择后者，做一名在基层淬炼的“苦行僧”：像前辈一样，把青春奉献给这片土地，也不枉自己是一名石油人。

同样 2021 年毕业的郭祥祥一直很坚定：留在新疆，哪儿也不去。毕业找工作的多选题，在他这儿变成了单选项。

在中国石油大学（北京）克拉玛依校区 2021 届毕业

生中，已有 238 人到西部基层就业，其中 201 人到新疆基层就业。

学校就业指导中心办公室内，有一本 2021 届扎根基层的毕业生签名册。200 多个签名，犹如一片跃动的音符：

袁丽霞签约新疆油田，吴卉港签约独山子石化公司，樊金签约中石化西北油田……

只有荒凉的沙漠，没有荒凉的人生。越来越多毕业生响应国家号召，从城市走向基层，从东部来到西部，像一棵棵胡杨树、一株株格桑花那样扎根、成长。

克拉玛依之歌

词曲作者　吕远

当年我赶着马群寻找草地
到这里勒住马我瞭望过你
茫茫的戈壁像无边的火海
我赶紧转过脸
向别处走去
啊克拉玛依
我不愿意走进你
你没有草没有水
连鸟儿也不飞
啊克拉玛依

我不愿意走进你
你没有歌声没有鲜花没有人迹
啊克拉玛依
你这荒凉的土地
我转过脸向别处去
啊克拉玛依
我离开了你
今年我又赶着马群经过这里
遍野是绿树高楼红旗
密密的油井和无边的红地
我赶紧催过马
向克拉玛依跑去
……

一首歌使一座城市成为全中国人的记忆，一首歌使全中国人的记忆浓缩为一段历史。《克拉玛依之歌》就是这样一首镌刻着历史的歌曲。《克拉玛依之歌》由吕远创作词曲，1959 年，在中央人民广播电台首次播放。2019 年，《克拉玛依之歌》获得“歌声唱响中国”最美城市音乐名片发布暨表彰仪式“最美城市音乐名片优秀歌曲奖”。2021 年 8 月 14 日，《克拉玛依之歌》入选中央电视新闻用声音记录中国《中国共产党百年瞬间》特别报道。

一首《克拉玛依之歌》激励了几代克拉玛依人在戈壁荒原上奉献青春，唱出了新中国石油工人的豪情壮志，至今仍充满着鼓舞人心的力量。

当事者说

“没想到能收到习近平总书记的回信，我们太激动了！”石油学院石油工程专业2020届毕业生王怡凝说，“习近平总书记的回信更加增添了我们的决心和信心，我们将不畏艰难险阻，勇担时代使命，建设大美新疆”。

“只有荒凉的沙漠，没有荒凉的人生！”石油学院资源勘查工程专业2020届毕业生丁贵阳说，习近平总书记的回信让他更加明确了肩上的责任与重担，青年人要到基层去、到一线去、到艰苦的环境中去、到祖国和人民最需要的地方去。“在为祖国和人民的真诚奉献中，青春将更加绚丽”。

“读了习近平总书记的回信，我们深受鼓舞和鞭策。”中国科学院院士、中国石油大学（北京）克拉玛依校区石油工程学院教授高德利表示，习近平总书记鼓励毕业生到基层工作、磨炼，在艰苦奋斗中实现人生价值，这也是对中国石油大学（北京）在新疆办学的重视和支持。“希望更多高校到西部办学，共同为西部高等教育事业

发展贡献力量。”①

社会反响

习近平总书记的回信深深鼓舞了广大扎根边疆、奉献基层的青年才俊。他们纷纷表示,要牢记习近平总书记的谆谆教诲,不忘初心,奋发有为,建设美丽新疆。

“习近平总书记的谆谆教诲,是对当代大学生的殷切期望,也是对我的鼓舞和鞭策。”和田地区于田县教育局党组书记骆洪梅曾是第一批“大学生西部计划志愿者”。2003 年,她从河北农业大学林学系林学专业毕业后,响应号召来到新疆,像一棵大漠胡杨扎根在昆仑山下。“作为一名教育工作者,我们要认真贯彻落实习近平总书记重要回信精神,切实教好书育好人,培养出一批又一批敢于担当、乐于奉献的新时代合格青年。”

“让青春在祖国最需要的地方绽放光彩。”吐鲁番供电公司的“90 后”小伙丁宽前到喀什叶城县西合休乡,参加了向喀喇昆仑山最后一个不通大网电的乡成功送电的仪式,目睹了党的惠民政策给各族群众生产生活带来

① 杨明方,阿尔达克. 习近平给中国石油大学克拉玛依校区毕业生回信引发热烈反响[N]. 人民日报,2020-07-11(01).

的巨大变化。“作为一名西部建设者，我将牢记习近平总书记给广大高校毕业生的寄语，努力发挥自身专业特长，为建设新疆贡献力量。”

“2020 年是特殊的一年，我们要充分认识当前做好毕业生就业工作的重要性、紧迫性，切实增强责任感和使命感。”新疆大学党委副书记、副校长姚强表示，“高校要用心用情用力做好毕业生就业工作，将理想信念教育和毕业生就业观教育相结合，教育引导毕业生充分发挥‘胡杨精神’，把个人的理想追求融入党和国家的事业之中，成为热爱边疆、建设边疆、守护边疆、奉献边疆的生力军”。①

① 杨明方，阿尔达克. 习近平给中国石油大学克拉玛依校区毕业生回信引发热烈反响[N]. 人民日报，2020－07－11(01).

创新拼搏

十二　给第三届中国“互联网+”大学生创新创业大赛“青年红色筑梦之旅”的大学生的回信①

诵读回信

第三届中国“互联网+”大学生创新创业大赛“青年红色筑梦之旅”的同学们：

来信收悉。得知全国150万大学生参加本届大赛，其中上百支大学生创新创业团队参加了走进延安、服务革命老区的“青年红色筑梦之旅”活动，帮助老区人民脱贫致富奔小康，既取得了积极成效，又受到了思想洗礼，我感到十分高兴。

延安是革命圣地，你们奔赴延安，追寻革命前

① 习近平总书记给第三届中国“互联网+”大学生创新创业大赛“青年红色筑梦之旅”的大学生的回信[N]. 光明日报，2017-08-16(01).

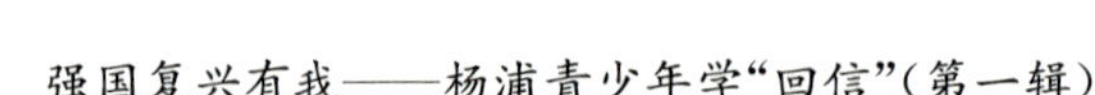

辈伟大而艰辛的历史足迹，学习延安精神，坚定理想信念，锤炼意志品质，把激昂的青春梦融入伟大的中国梦，体现了当代中国青年奋发有为的精神风貌。

实现全面建成小康社会奋斗目标，实现社会主义现代化，实现中华民族伟大复兴，需要一批又一批德才兼备的有为人才为之奋斗。艰难困苦，玉汝于成。今天，我们比历史上任何时期都更接近实现中华民族伟大复兴的光辉目标。祖国的青年一代有理想、有追求、有担当，实现中华民族伟大复兴就有源源不断的青春力量。希望你们扎根中国大地了解国情民情，在创新创业中增长智慧才干，在艰苦奋斗中锤炼意志品质，在亿万人民为实现中国梦而进行的伟大奋斗中实现人生价值，用青春书写无愧于时代、无愧于历史的华彩篇章。

习近平

2017年8月15日

梳理纪要

回信时间：2017年8月15日

回信字数：468字

回信对象：第三届中国“互联网+”大学生创新创业大赛“青年红色筑梦之旅”的同学们

对象性质：大学生

回信主题：当代青年、创新创业、伟大复兴

回信背景：第三届中国“互联网+”大学生创新创业大赛

背景扫描

2017年8月15日，习近平总书记给第三届中国“互联网+”大学生创新创业大赛“青年红色筑梦之旅”的大学生的回信，深切地勉励青年学子把激昂的青春梦融入伟大的中国梦，用青春书写无愧于时代、无愧于历史的华彩篇章，为实现中华民族伟大复兴提供源源不断的青春力量。

中国“互联网+”大学生创新创业大赛

为了深入贯彻大众创业、万众创新的政策，教育部和各地高校一起举办中国“互联网+”大学生创新创业大赛。它是针对各校大学生的赛事，在赛事中获奖的项目将获得成果转化。比赛的目的在于培养高校学生的创业

能力，为未来社会培育新时代人才，促进“互联网＋”新业态形成，服务经济提质增效升级；以创新引领创业、创业带动就业，推动高校毕业生更高质量创业就业。

第一届比赛于2015年启动，首届比赛就有超过20万名学生参加。第三届比赛与“青年红色筑梦之旅”相结合，于2017年3月开幕。大学生们来到拥有“革命圣地”之称的延安，在实践中领悟延安精神，并就当地实际研发项目。

青年红色筑梦之旅

“青年红色筑梦之旅”是第三届中国“互联网＋”大学生创新创业大赛举办的同期实践活动。此次活动由教育部组织，承办单位西安电子科技大学实施。两批参赛团队分赴延安，通过大学生创新创业项目，对接革命老区经济社会发展需求，助力精准扶贫脱贫。实践团队围绕“青春之歌”“红色记忆”“筑梦踏实”三个主题，通过寻访梁家河、走访延安八一敬老院、参观革命旧址、聆听专题辅导、开展青年乡村创客沙龙、举办乡村创客高峰论坛，学习和感受当地的精神财富，实地了解老红军、下乡知青们伟大而艰辛的青春创业史，为创业青年提供了一次继承延安精神、涵养创业精神、坚定文化自信的精神飨宴。

革命圣地——延安

延安，位于陕西省北部，地处黄河中游，地貌以黄土高原、丘陵为主。

延安是中国革命的红都，也是全国红色革命旧址数量最大、分布最广、规格最高的地方。全市共有革命旧址 445 处，其中很大一部分是党中央在延安时留存的重要旧址。延安革命遗址、瓦窑堡革命旧址、洛川会议旧址等被确定为全国重点文物保护单位。

1937 年至 1947 年，延安一直是中共中央所在地和陕甘宁边区首府，是中国革命的指导中心和总后方，是革命圣地。延安革命旧址包括凤凰山中共中央旧址、杨家岭中共中央旧址、枣园中共中央书记处旧址、王家坪中共中央军事委员会旧址、八路军总司令部旧址、陕甘宁边区政府旧址等，以及陕甘宁边区参议会、延安宝塔、桥儿沟鲁迅艺术文学院（六届六中全会旧址）、南泥湾、清凉山新闻出版部门旧址、中共中央党校、中共中央西北局、陕甘宁边区银行、白求恩国际和平医院旧址等遗址。

殷切期望

习近平总书记的回信，为青年大学生们指明了“创

新”的前进方向，体现了创新是民族进步之魂，创新型青年人才则是国家发展的希望所在。中国“互联网＋”大学生创新创业大赛自举办以来，正日益成为培育创新人才的沃土，为建设创新型国家提供源源不断的人才智力支撑。在这次历练中，青年学子们的意志得到磨炼、国内国际视野得到开拓，观察力、创新力各项能力大幅提升，这些都是个人宝贵“财富”，而高质量人才更是国家“宝藏”。习近平总书记希望青年学子们“扎根中国大地了解国情民情，在创新创业中增长智慧才干，在艰苦奋斗中锤炼意志品质，在亿万人民为实现中国梦而进行的伟大奋斗中实现人生价值，用青春书写无愧于时代、无愧于历史的华彩篇章”。

脉络追寻

艰难困苦，玉汝于成

“艰难困苦，玉汝于成。”这句话出自古籍《西铭》一书，原句是：“贫贱忧戚，庸玉汝于成也。”此书作者是北宋思想家、教育家、理学创始人之一张载。

年轻时候的张载颇爱钻研兵法，希望有朝一日能收复失地、报国明志。他幸得范仲淹的赏识，范仲淹认为他的才华可以在学问上有所大成，听了规劝后的张载便潜心学习，后来参加科举考试考中进士。但是张载生性耿直，敢于直言，仕途并不是一帆风顺。因此，他早早就离开官场，回乡安心治学。

张载辞官后回到了横渠，他在那里有一些田地，但是由于地处穷乡僻壤，所以田地的收成并不好，勉强维持生计。生性淳朴的张载却悠然自得、清心寡欲，每日都在书海中度过，常常废寝忘食地研学。久而久之，他在当地小有名气，附近的学子、才俊自发前来求学。其中一些清贫学子想要求学但是支付不起学费，他不仅不吝收徒，更是拿出家用主动补贴学生。

就这样，张载一边教书一边研学，不出数年，他已领悟佛、道、儒三家。成为一代理学宗师后的他颇多感悟，提笔在《西铭》中写下“贫贱忧戚，庸玉汝于成也”。这句话的意思是一个人想要成才成器，必然要经过困难的锤炼。贫穷和挫折是磨炼意志的重要条件，是促使一个人成功的必经之路。

中国“互联网＋”大学生创新创业大赛为青年筑就成才梦

中国“互联网＋”大学生创新创业大赛已成为助力众多青年实现创新创业成才梦想的摇篮。

中国“互联网＋”大学生创新创业大赛自2015年首届大赛举办以来，累计603万个团队、2533万名大学生参赛……一个个数字，标注着青年创新创业热情的不断攀升。大赛同期举办创新创业成果展，突出展示各地各高校落实立德树人根本任务，培养大众创业、万众创新生力军的成果。

坚守育人育才“本色”

中国“互联网＋”大学生创新创业大赛将立德树人理念融入双创教育中，坚守育人育才“本色”，力争从“稚嫩”中突出“不平凡”。近年来，新设立了“本科生创意组”，增加了参赛人员年龄不超过35周岁的限制，让更多创新创业的“未来之星”脱颖而出，让更多青年学生有展示的机会和舞台。

以大赛为抓手，开设3万余门创新创业相关课程、建立3.5万余人的高校创新创业教育专职教师队伍、建设200所全国创新创业教育改革示范高校……一连串举措，厚植了中国双创人才的成长沃土。在大赛带动下，青年学子的实践能力也显著增强。目前，超过1000所高校的139万名大学生参与“国家级大学生创新创业训练计划”，累计约34万个国家级项目获得了总计超过58亿元的资助。

擦亮创新创业"底色"

通过大赛这个平台，涌现出了一大批优秀的创新创业项目，充分体现了以科技创新为基础的大学生创业特点。

北京航空航天大学"天梭动力"团队研发的"北航4号"固液动力高空高速飞行器成功发射，实现固液动力飞行器高空高速有控长时飞行。

重庆大学"一脉相传"团队首创共享通道无线能量与信息同步传输技术，研制出"油脉"系列产品，大大提高钻井速度和安全性……

这些赛事成果与产学研深度融合，助力高校的智力、技术和项目资源与经济社会发展需求紧密对接，有力深化了高校与科技界、产业界、投资界合作，激发全社会创新创业创造动能。

点亮课程思政"红色"

大赛"青年红色筑梦之旅"与上海、广东深圳、浙江嘉兴、陕西延安、河北雄安等地联动，串起建党百年历史。数据显示，全国共有2586所院校的40万个创新创业团队、181万名大学生扎根革命老区、城乡社区创新创业，共对接农户105万户、企业2.1万多家，签订合作协议3万余项。

据统计，经过多年的实践探索，累计有450余万名

大学生走进延安、井冈山等革命老区,参与“青年红色筑梦之旅”活动,接受思想洗礼、加强实践锻炼,将激昂的青春梦融入伟大的中国梦。

再添高质量发展“成色”

从2017年首次设立“国际赛道”,到2021年包括美国的哈佛大学、麻省理工学院,英国的牛津大学、剑桥大学等著名高校组队参赛,“互联网+”大学生创新创业大赛正不断搭建起全球创新创业教育宽广的交流平台。

据统计,大赛聚合了120多个国家和地区的数千万大学生,为国际青年搭建交流思想、互学互鉴、增进友谊的对话平台,也为构建人类命运共同体汇聚更多国际化、年轻化、多元化的双创力量。

青年一代创新创业生力军不断壮大,正在奋力跑出中国创新的加速度,赛出中国创新的“最强大脑”。①

当事者说

“习近平总书记的亲切来信让我们倍感激动、备受

① 为青年筑就创新创业成长梦——“互联网+”大学生创新创业大赛综述[EB/OL].(2021-10-12)[2022-07-24]. http://www.gov.cn/xinwen/2021-10/12/content.5642116.htm.

鼓舞。”作为“青年红色筑梦之旅”的志愿者，谭伟晟难抑激动，“在延安，我们追寻革命前辈伟大而艰辛的历史足迹，感受其中的惊心动魄。那不畏前路困难重重，心怀理想、敢教日月换新天的昂扬斗志与豪情为我们带来了一次又一次的思想洗礼，再一次坚定了我们的理想信念”。

西安电子科技大学的孙啸，立志走出一条当代红色创业之路：“筑梦之旅在我心中埋下了一颗红色种子，让我将自身命运与国家和人民绑在一起。习近平总书记的鼓励更让我坚定目标、坚定信仰、坚定立场，在红色创新创业的坦途上大踏步前行。”

因为“对实事求是、勇于创新、艰苦奋斗的精神有了更深层的理解”，华北电力大学的麻腾威表示：“创业是一个困难而又漫长的过程，习近平总书记的鼓励无疑坚定了我们的信念，我们定当志存高远、奋勇向前。”

“实现全面建成小康社会奋斗目标，实现社会主义现代化，实现中华民族伟大复兴，需要一批又一批德才兼备的有为人才为之奋斗。”习近平总书记的话激荡在广大青年心中。

南通大学杏林学院的韩寒阳使命感和责任感倍增，他说：“我们要把艰苦奋斗、顽强拼搏的延安精神与团队的创

新创业道路相结合，为老区的发展贡献自己的青春热血。”

“再苦再难也要坚持！”黄冈职业技术学院的刘海瑞表示，“习近平总书记的鼓舞，更加坚定了我们的创业决心，让我们带动老区发展的决心更加强烈”。①

社会反响

习近平总书记给第三届中国“互联网+”大学生创新创业大赛“青年红色筑梦之旅”的大学生回信在全国高教系统引发热烈反响，各高校积极组织师生认真学习回信精神，交流讨论学习感想。师生们表示，要把回信精神转化为强大动力，在创新创业实践中增长知识才干，为祖国发展贡献力量。

作为第三届中国“互联网+”大学生创新创业大赛的承办学校，时任西安电子科技大学党委书记、校长郑晓静说，习近平总书记的回信是在新的发展阶段做好高等教育工作的重要遵循，深刻阐明了高等教育事业的根本任务是培养一批批德才兼备的有为人才。学校要把

① 柴如瑾. 以青春和理想谱写信仰和奋斗之歌——习近平总书记给第三届中国“互联网+”大学生创新创业大赛“青年红色筑梦之旅”的大学生的回信引发强烈反响[N]. 光明日报，2017-08-17(01).

学习贯彻习近平总书记回信精神作为最重要的政治任务，站在国家改革发展的大局、高等教育人才培养的大局，办好本届大赛，为广大同学了解国情民情、实现创新创业梦想搭建广阔平台。①

陕西省委高教工委表示，习近平总书记的回信情真意切、语重心长，体现了他对青年一代的深切关怀和殷切厚望。作为肩负着立德树人职能的教育部门，我们要将学习回信精神和学习习近平总书记系列重要讲话精神结合起来，全面贯彻好、落实好全国高校思想政治工作会议精神和回信精神，做好“四个服务”，培养有理想、有追求、有担当的青年一代。

复旦大学在2020年6月正式发布了《2020一流本科教育提升行动计划》，其核心要素之一，就是通过“2+X”培养体系，将创新创业教育融入全过程。复旦大学表示，习近平总书记的回信让广大复旦学子振奋，也让高校教育工作者深感责任重大。下一步，复旦大学将依托学科综合优势，构建优秀人才培养和科技成果转化支撑体系，

① 高校师生热议总书记回信：不辜负总书记的殷切期望[EB/OL].(2017-08-16)[2022-07-17]. http://www.edu.people.com.cn/n1/2017/0816/c367001_29475165.html.

使学子们在大众创业、万众创新的热潮中实现自身价值。

复旦大学生命科学学院辅导员李一苇说:“在日常工作中,我要鼓励学生在科研创新中增长智慧,也要引导学生扎根祖国大地,把个人的发展与国家和民族的需要紧密相连,将科研成果转换为现实的创业项目,用青春书写无愧于时代、无愧于历史的华彩篇章。”①

① 李澈,李薇薇,等.引导青年学生踏实谋事做人 在时代大潮中展现青春力量[N].中国教育报,2017-08-18(01).

十三　给中国戏曲学院师生的回信[①]

诵读回信

郭汉城、杜近芳、尚长荣、马金凤、蔡正仁、刘秀荣等同志：

你们好！你们老中青少四代师生的来信，反映中国戏曲学院办学取得的可喜成果，戏曲艺术薪火相传，我感到很欣慰，向你们以及全校师生员工致以诚挚的问候！

戏曲是中华文化的瑰宝，繁荣发展戏曲事业关键在人。希望中国戏曲学院以建校70周年为新起

① 习近平给中国戏曲学院师生的回信[J]. 中国戏剧，2020(11).

点,全面贯彻党的教育方针,落实立德树人根本任务,引导广大师生坚定文化自信,弘扬优良传统,坚持守正创新,在教学相长中探寻艺术真谛,在服务人民中砥砺从艺初心,为传承中华优秀传统文化、建设社会主义文化强国作出新的更大的贡献。

习近平

2020年10月23日

梳理纪要

回信时间: 2020年10月23日

回信字数: 257字

回信对象: 中国戏曲学院师生

对象性质: 教师、学生

回信主题: 戏曲艺术、守正创新、文化自信

回信背景: 中国戏曲学院建校70周年

背景扫描

2020年是中国戏曲学院建校70周年,一些师生代表给习近平总书记写信,汇报学院70年来的发展情况,

表达了为繁荣戏曲事业贡献力量的共同心声。中共中央总书记、国家主席、中央军委主席习近平于 2020 年 10 月 23 日给中国戏曲学院师生回信，对他们传承发展好戏曲艺术提出殷切期望①。习近平总书记强调，戏曲是中华文化的瑰宝，繁荣发展戏曲事业关键在人。希望中国戏曲学院以建校 70 周年为新起点，全面贯彻党的教育方针，落实立德树人根本任务，引导广大师生坚定文化自信，弘扬优良传统，坚持守正创新，在教学相长中探寻艺术真谛，在服务人民中砥砺从艺初心，为传承中华优秀传统文化、建设社会主义文化强国作出新的更大的贡献。

中国戏曲学院

中国戏曲学院成立于 1950 年 1 月 28 日，原隶属文化部，最初称文化部戏曲改进局戏曲实验学校，1955 年 1 月正式定名为中国戏曲学校。1973 年 11 月并入文化部“中央五七艺术大学”，后更名为“中央五七艺术大学戏曲学校”。1977 年 2 月正式恢复中国戏曲学校建制。1978 年 10 月，经国务院批准升格为中国戏曲学院，并招收第一届本科

① 习近平给中国戏曲学院师生的回信[J]. 中国戏剧，2020(11).

生,从此揭开了中国戏曲艺术教育的新篇章。

中国戏曲学院首任校长是中国现代戏剧奠基人之一的田汉先生。

中国戏曲学院创作改编了《白蛇传》《对花枪》《岳云》《杜十娘》《张协状元》《悲惨世界》《红色娘子军》《还魂三叠》《长征组歌》《梅兰霓裳》等大量优秀作品,为国家培养万余名戏曲专门人才,涌现出刘秀荣、谢锐青、杨秋玲、钱浩梁、张春孝、侯正仁、李光、孙岳、朱秉谦、刘长瑜等一大批艺术家。中国戏曲学院被誉为“中国高端戏曲人才培养的摇篮”。

中国戏曲学院是中华人民共和国成立的第一所戏曲学校,也是迄今为止全国唯一一所独立建制的培养戏曲艺术高级专门人才的院校。

戏曲艺术

中国传统戏曲文化是中华优秀传统文化的重要组成部分,具有悠久的历史、独特的艺术魅力和深厚的群众基础。中国戏曲从先秦时期的原始歌舞戏形式历经数千年至元代而成熟、明清而繁荣。在各民族中产生数百个剧种,其中像京剧、越剧、黄梅戏、评剧、豫剧、昆剧等戏曲剧种影响尤大。王实甫的《西厢记》、汤显祖的

《牡丹亭》、孔尚任的《桃花扇》、洪昇的《长生殿》是我国四大古典戏曲。中国的戏曲与希腊悲剧和喜剧、印度梵剧并称为世界三大古老的戏剧文化，在世界文化艺术宝库里占有重要的地位。

中国戏曲艺术积淀着中华民族最深层的精神追求，代表着中华民族独特的精神标识。

殷切期望

习近平总书记在回信中希望中国戏曲学院以建校70周年为起点，全面贯彻党的教育方针，落实立德树人根本任务，引导广大师生坚定文化自信，弘扬优良传统，坚持守正创新，用“在教学相长中探寻艺术真谛，在服务人民中砥砺从艺初心，为传承中华优秀传统文化、建设社会主义文化强国作出新的更大的贡献”为中国戏曲事业的发展指明了方向，必将极大地鼓舞中国戏曲学院不断提升教育质量，培养更多德艺双馨的艺术人才，为实现戏曲的传承工作而不断地努力与奋斗。

脉络追寻

守正创新

习近平总书记在庆祝中国共产党成立100周年大

会上的重要讲话中指出:“中国共产党团结带领中国人民,自信自强、守正创新,统揽伟大斗争、伟大工程、伟大事业、伟大梦想,创造了新时代中国特色社会主义的伟大成就。”自信自强、守正创新,是中国共产党克服艰难险阻、创造历史伟业的重要原因,也是奋进新征程、创造新的更大胜利的强大精神力量。

“守正”是对无产阶级政党初心的坚守,“创新”则是在守正的基础上对社会主义理论与实践的丰富。马克思主义中国化的历史进程,正是中华文化守正创新的过程。对中华优秀传统文化进行创造性转化和创新性发展的历史进程,也是中华文化守正创新的过程。戏曲艺术正是靠着一代代艺术工作者的守正创新实现了薪火相传。

在服务人民中砥砺从艺初心

为什么人的问题,是一个根本的问题、原则的问题,是检验一个政党、一个政权性质的试金石。人民是历史的创造者,是决定党和国家命运的根本力量。因此,中国共产党始终坚持人民主体地位,坚持以人民为中心。

发展中国特色社会主义文化,必须坚持以马克思主义为指导,坚定共产主义理想信念,坚持以人民为中心,把增进人民福祉、促进人的全面发展作为出发点和落脚点。

人民是文化发展的主体，文化发展要依靠人民。文化是在人民群众伟大的社会实践活动中孕育和创造的。人民的生活是一切文化产品取之不尽、用之不竭的创作源泉。要坚持以人民为中心的创作导向，贴近人民的精神生活，热情讴歌人民群众的伟大实践，生动展示人民奋发有为的精神风貌和创造历史的辉煌业绩。

人民是文化成果的最终享有者和受益者。社会主义文化是为人民大众服务的。不断满足人民多样化、多层次、多方面的精神文化需求，提高人民群众的思想文化道德素质，是发展社会主义文化的根本目的。加强社会公共文化服务体系建设，实现好、维护好、发展好人民群众基本文化权益，生产创作出人民喜闻乐见的优秀文化作品，让文化发展成果更好地惠及人民群众，丰富高品质文化消费产品的供给，让人民精神文化生活不断迈上新台阶。

不负时代，无愧梨园

习近平总书记指出：没有高度的文化自信，没有文化的繁荣兴盛，就没有中华民族伟大复兴。我们的文化自信，不仅源自中华民族生生不息的悠久历史，更源自

五千年来中华民族产生的一切优秀文艺作品，以及创作这些作品的德艺双馨的文化大家。

一个时代有一个时代的文艺，一个时代有一个时代的精神。

尚长荣，1940 年 7 月出生于北京，四大名旦之一尚小云的第三子，自幼受父亲的艺术熏陶，师从多位名家。国家一级演员，著名京剧表演艺术家，首批国家级非物质文化遗产（京剧）项目代表性传承人，两次获得全国五一劳动奖章。中国戏剧梅花大奖首位获得者，国家级非物质文化遗产首批传承人，代表作有《霸王别姬》《曹操与杨修》《廉吏于成龙》等。曾任中国剧协第五届副主席，中国剧协第六届、第七届主席，现为中国文联荣誉委员、中国戏剧家协会第九届名誉主席、上海市戏剧家协会名誉主席。

无论是《曹操与杨修》里文武兼修的“曹操”，还是《贞观盛事》里果敢进谏的“魏徵”，抑或是《廉吏于成龙》里铁骨铮铮的“于成龙”……经过尚长荣的创作与演绎，这些历史人物矗立在京剧的舞台上，成为新时代京剧花脸艺术的代表之作。改革开放以来，尚长荣博采百家之长，不断创新与丰富京剧艺术。

京剧有着丰富的传统剧目，如此深厚的积淀是我们的宝藏，因此我们更要奋发图强。京剧的发展史就是一个不断成长发展、最后达到巅峰的过程。

作为一位京剧演员、一位戏曲人，一要敬业，二要进步。尚长荣注意自己肩上的社会责任，要做有情怀、有担当的戏曲人，做有灵魂、有品行的文艺战士。将民族精神的点点滴滴渗透到戏曲里去，通过在舞台上的表演，向观众弘扬民族精神。戏不仅要唱得精彩，还得给观众留下点什么，只有这样才不辜负京剧、不辜负时代赋予我们的机遇。

如何在保持传统艺术自身风格、个性和美学的前提下，将其深厚的文化底蕴与时代元素相结合，创作出更受当代观众喜爱的作品？尚长荣说首先要加强文化自信。没有文化自信、不认可中华传统文化艺术，何谈发展与创新。以京剧为例，有了文化自信，我们就能更深层次地挖掘京剧的文化内涵，并在保持其自身艺术个性的基础上，对其他剧种的优势进行适当借鉴和汲取。可以说，文化自信让我们在传承与创新时有了主心骨。

当事者说

“我太激动了！衷心感谢习近平总书记的支持和关

心！戏曲人感到无比振奋!”虽然戏曲理论界的“大树”郭汉城老先生当时已经103岁了，依然声如洪钟，难掩激动兴奋之情，他说戏曲的传承工作需要一代代戏曲人的努力与用心。

“习近平总书记的回信，对中国戏曲事业来说是一个新的起点，我们戏曲人将不负重托，砥砺奋进，在教学相长中探寻艺术真谛，在服务人民中砥砺从艺初心，以昂扬的斗志和精湛的技艺，让戏曲艺术在新时代焕发新魅力，着力培养有灵魂、有血性、有品德、有本事的新生代戏曲人。”时年80岁的京剧表演艺术家尚长荣，已经在回信中找到了新的起点，为中国戏曲事业整装待发。

昆剧表演艺术家蔡正仁同样激动，他说:“我们一直想向习近平总书记汇报一下我们这些年所做的繁荣戏曲领域、培养戏曲艺术接班人的工作，习近平总书记回信把祖国人民对戏曲事业的向往和期待完全点出来了，给予戏曲人明确的方向指引，在传承戏曲的道路上，我们更加有信心了，干起来更加有劲儿!”

时年85岁高龄的京剧表演艺术家刘秀荣也是中国戏曲学院的首届毕业生，她说，要牢记习近平总书记的嘱托，弘扬振兴发展国粹艺术，培养德艺双馨的优秀戏曲人才。①

社会反响

2020年10月26日，北京市召开高校学习贯彻习近平总书记给中国戏曲学院师生重要回信精神的座谈会。在京艺术院校的校领导和师生代表纷纷表示，看了习近平总书记的回信后备受鼓舞。

北京市委教育工委常务副书记郑吉春认为，习近平总书记的回信体现了他对艺术教育的深切关怀，对繁荣戏曲文艺事业、传承中华优秀传统文化的殷切希望，为办好新时代首都教育特别是艺术教育指明了方向。

时任中国戏曲学院党委书记龚裕介绍，10月23日，习近平总书记给中国戏曲学院师生回信后，学院第一时间组织了学习，并在各基层党支部开展“牢记殷殷嘱托，砥砺从艺初心”等为主题的教育活动，引导广大师生党员进一步坚定继承和弘扬中华优秀传统文化的信心和决心，用实际行动忠实践行回信精神。

中央音乐学院党委书记赵旻在座谈会上表示，习近

① 李晋荣，王国平，晋浩天．不负重托，砥砺前行　为中国戏曲事业奋斗——习近平总书记给中国戏曲学院师生回信引起戏曲界热烈反响[N]．光明日报，2020－10－26(09)．

平总书记回信将党对社会主义文艺发展规律的认识提升到一个新的高度,高校要提高政治站位,提高在发挥专业特色、打造艺术品牌上的自觉性,在文化强国建设中建功立业。

北京电影学院声音学院院长童雷表示,要牢记习近平总书记嘱托,用作品聚焦伟大时代,记录伟大实践,关注人民群众在抗疫、脱贫攻坚等重大事件中展现出的强大精神力量,推出更多讴歌党、讴歌祖国、讴歌人民、讴歌英雄的精品力作。①

① 樊未晨.不忘初心　让梦想与热爱并肩同行——首都高校师生贯彻习近平总书记给中国戏曲学院师生回信精神[N].中国青年报,2020-10-27(02).

十四　给中国冰雪健儿的回信[①]

诵读回信

翊鸣同学：

你好！来信收悉。你和中国冰雪健儿在冬奥赛场奋勇拼搏、超越自我，取得了优异成绩。我向你们表示祝贺！为你们点赞！

你在信中说，出生在一个伟大的国家，成长在一个最好的时代，通过努力实现了自己的梦想，感到很幸运。新时代是追梦者的时代，也是广大青少

① 习近平给中国冰雪健儿的回信[EB/OL].(2022-02-24)[2022-07-14]. https://www.ccps.gov.cn/xtt/202202/t20220224_152958.shtml.

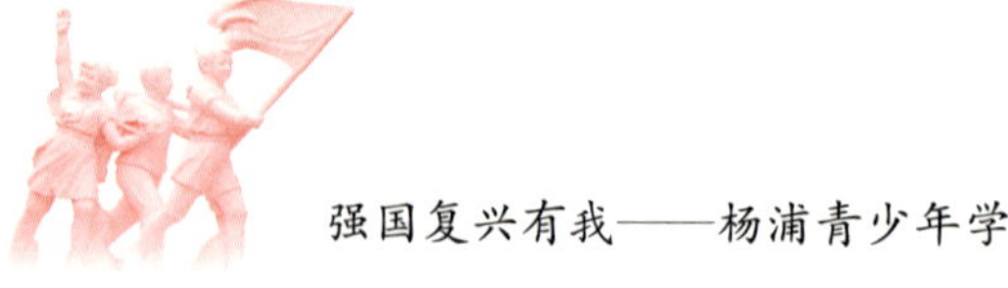

年成就梦想的时代。希望你们心系祖国，志存高远，脚踏实地，在奋斗中创造精彩人生，为祖国和人民贡献青春和力量。

习近平

2022年2月24日

梳理纪要

回信时间： 2022年2月24日

回信字数： 185字

回信对象： 2022年北京冬奥会中国冰雪健儿

对象性质： 国家运动员

回信主题： 冬奥会、创新拼搏

回信背景： 2022年北京冬奥会

背景扫描

2022年2月4日，第24届冬奥会在北京正式开幕。15日下午，苏翊鸣在北京冬奥会单板滑雪男子大跳台决赛中夺得金牌。2月24日，习近平总书记给中国单板滑雪运动员苏翊鸣回信，向他和中国冰雪健儿在冬奥赛场上取得的优异成绩表示祝贺，并提出殷切期望。

早在2019年，习近平总书记就来到首钢园区考察冬奥会筹办工作，看望正在备战的运动员。当时还不到15岁的苏翊鸣还只是其中一员小将，“那时候，我的技术和世界最高水平差距非常大，习近平总书记的鼓励深深改变了我，让我决心付出一切，去实现冬奥梦想”。在这以后的三年里，苏翊鸣刻苦训练、严格要求自己，终于在2022年北京冬奥会的赛场上大放异彩。①

2022年2月20日晚，第24届冬季奥林匹克运动会闭幕式在国家体育场举行。

冬季奥林匹克运动会

冬季奥林匹克运动会（Olympic Winter Games），简称冬季奥运会、冬奥会，主要由全世界地区举行，是世界上规模最大的冬季综合性运动会，每四年举办一届，1994年起与夏季奥林匹克运动会相间举行。参与国分布在世界各地，包括欧洲、非洲、美洲、亚洲、大洋洲，由国际奥林匹克委员会（International Olympic Committee）主

① 原石. 总书记回信冰雪健儿　新时代是追梦者的时代[N]. 人民日报，2022-02-26(01).

办，按实际举行次数计算届数。

1986 年，国际奥委会全会决定把冬季奥运会和夏季奥运会从 1994 年起分开，每两年间隔举行，1992 年冬季奥运会是最后一届与夏季奥运会同年举行的冬奥会。冬奥会自 1924 年开始第 1 届，截至 2022 年共举办了 24 届。

第 24 届冬奥会于 2022 年 2 月 4 日至 2 月 20 日在北京市和河北省张家口市举行。

殷切期望

习近平总书记的回信为国家运动员们注入了强心剂，字里行间饱含着关怀与期待，希望他们“心系祖国，志存高远，脚踏实地，在奋斗中创造精彩人生，为祖国和人民贡献青春和力量”。习近平总书记的目光不仅望向运动员，同样望向新时代的青少年，更望向所有追梦者。这份鼓励与嘱托，凝聚起“一起向未来”的磅礴力量。

脉络追寻

中国与奥林匹克

奥运起源

奥运，全称为“奥林匹克运动会”，起源于古希腊。

由于古希腊人热爱体育运动，公元前 776 年，他们在自己国家举办了历史上第一次奥运会，在进行体育竞技的同时他们燃起火炬，表达对和平的向往。就这样，古代奥林匹克运动会一直举办到公元 394 年。

直到 1859 年，现代奥林匹克运动会变为全世界范围的体育竞技盛会，第一届在雅典举办，此后每四年举办一次。

希腊奥林匹克运动的价值理念被沿用成为现代奥运会的核心理念。现在的奥林匹克精神不仅是一种体育精神，更是一种国际主义精神。国际主义象征着世界的和平、友谊和团结，在每一场奥运盛会，我们依然能看到代表着和平的圣火一次又一次地传递下去，生生不息的火焰代表着全世界人民的共同心愿。

中国申奥和双奥之城

2001 年，中国第一次成功申办夏季奥林匹克运动会，那一刻举国欢庆、沸腾不休。2008 年，第 29 届夏季奥运会在北京举行。20 多年后的今天，在中国北京举办了冬季奥林匹克运动会。对中国而言，这不仅是一场体育盛会，更代表着国际社会对中国实力的信任、对中国地位的认可！第 24 届冬季奥林匹克运动会在中国北京举行，联合国邮政管理局宣布：为庆祝 2022 年北京冬奥会的召开，联合国发行主题为“体育促进和平”的邮票。这是联合国首次为冬奥会发行邮票。

同时，北京也成为世界上为数不多的“双奥之城”。这使得我国在全球范围内的知名度大幅提升，让世界看到了当今中国的真正实力；也拓宽了国内公民对体育运动的知识面，在社会上掀起了全民运动的热潮，还极大地推动了国内冰雪产业的发展……“双奥”的经历毫无疑问成为中国重要的发展机遇和珍贵的历史记忆。

非凡的冰雪盛会　精彩的中国答卷

北京冬奥会闭幕式上，2008 年北京奥运会开幕式主题曲《我和你》和 2022 年北京冬奥会开幕式主题曲《雪花》的悠扬旋律，让“双奥之城”的荣耀回旋在奥林匹克的天空。

致敬 2008，我们与奥运初次相遇，共同许下了“同一个世界，同一个梦想”的美好心愿；难忘 2022，我们与奥运再次相聚，携手开启了“一起向未来”的崭新篇章。

国家主席习近平在会见国际奥委会主席巴赫时指出，这是新冠肺炎疫情发生以来首次如期举办的全球综合性体育盛会，是对“更快、更高、更强——更团结”奥林匹克新格言的成功实践。

克服重重阻力，战胜各种困难，为世界奉献了一届“真正无与伦比的冬奥会”——这是阳光、开放的中国对庄严承诺的郑重兑现；这是各国（地区）守望相助，全球团结合作，构建人类命运共同体实践的生动诠释，这是可信、可爱、可敬的中国与世界的美好约定。

从申办到筹办再到举办，一个个“中国方案”攻克世界难题，一股股“中国力量”振奋民族精神……北京冬奥会开启了奥林匹克运动的新纪元。

在北京冬奥会上，中国派出由176名运动员组成的史上最大规模队伍，首次实现7个大项、15个分项“全项目参赛”，其中35个小项是首次参赛。9金4银2铜的历史最佳战绩，让中国代表团名列金牌榜第三位。

北京冬奥会成为世界各地体育健儿创造历史、实现梦想的舞台。共有29个国家和地区获得奖牌，2项世界纪录、17项奥运会纪录先后被打破。

比冠军和纪录更令人感动和震撼的是奥林匹克大家庭在北京的团聚：91个国家和地区的近3 000名运动员相聚北京，这其中有时隔28年再次参加冬奥会的美属萨摩亚，有第一次参加冬奥会的沙特阿拉伯和海地……

“其作始也简，其将毕也必巨。”在北京冬奥会夺冠后，苏翊鸣等奥运健儿被很多青少年视为偶像。2022年春天播撒下的冰雪运动的种子，必将会在这些青少年心里生根、发芽，有朝一日长成参天大树。北京冬奥会将开启奥林匹克运动的新纪元，也将开启全球团结合作的新篇章。

当事者说

刚刚度过18岁生日的苏翊鸣收到习近平总书记回信后非常激动，他说：“没有祖国，就不会有今天的我，真的是情不自禁想要去写这封信。如果不是祖国强大，我国冰雪运动不可能在短时间内实现跨越式发展。也正是有了三亿人参与冰雪运动，相信未来会涌现更多的年轻人为国争光。”①

社会反响

习近平总书记给中国冰雪健儿回信引发热烈反响，大家纷纷表示，一定牢记习近平总书记的殷切期望和谆谆教诲，心系祖国，志存高远，脚踏实地，在奋斗中创造精彩人生，为祖国和人民贡献青春和力量。

① 习近平总书记给苏翊鸣回信引发中国冰雪运动员等强烈反响[EB/OL].（2022－02－26）[2022－06－18]. http://m.gmw.cn/bajia/2022-02/26/35546720.html.

最是深情暖人心。双人滑组合隋文静和韩聪学习了习近平总书记的回信，深受鼓舞。韩聪回忆起自由滑比赛当日，在完成最后一个动作后，望向看台观众时的心情：“能够在深爱的祖国和人民面前，升起五星红旗，对我来说意义非凡。2018 年平昌冬奥会后，我和小隋约定 2022 年一定是我们的，我们做到了。”

短道速滑运动员武大靖说：“在家门口举办的冬奥会上升国旗、唱国歌，是我们一生最荣耀的时刻。”短道速滑运动员任子威表示，要把努力拼搏的精神传递给年轻队员，为中国冰雪运动作出新贡献。

冬奥会上，24 岁的高亭宇获得速度滑冰男子 500 米冠军，并打破奥运会纪录，实现了中国选手在男子速滑项目上的新突破。他说，备赛期间，国家一直给予运动员最强有力的保障，使大家心无旁骛投入训练比赛，“我会牢记习近平总书记的嘱托，用更加优异的成绩回报党和人民的期待”。

“习近平总书记的殷殷嘱托，温暖着每一名中国冰雪人。”中国自由式滑雪运动员徐梦桃说，习近平总书记的回信令人备受鼓舞。4 次参加冬奥会，她终于站上最高领奖台，拼搏精神令人动容。徐梦桃表示，走下领奖台，一切从零开始，“自己要努力为建设体育强国多作贡

献”。

速度滑冰教练员刘广彬表示:“作为教练员,最高兴的事莫过于看到运动员实现梦想,让五星红旗高高飘扬在冬奥会赛场上。有习近平总书记的亲切关怀,我们一定会加倍努力,在今后的每场比赛中都力争做到最好,取得更大的突破。”①

苏翊鸣的领队李扬从2004年开始从事雪上项目,亲历了我国雪上项目从全面落后,到2006年都灵冬奥会首金突破,再到北京冬奥会取得5金的全过程。李扬说:“这背后不仅是中国冰雪人的努力,更是中国综合国力和中国体育大发展的体现,苏翊鸣的快速成长与一鸣惊人,是党和国家的培养及他个人努力的结果,是新时代造就的新突破。”②

青少年是汹涌而来的“后浪”,是国家未来的支柱。不少青少年观看完冬奥会和习近平总书记的回信后纷纷感悟:少年强则国强,少年智则国智,少年富则国富!

---

① 季芳,等.心系祖国志存高远脚踏实地　接续创造冰雪运动新辉煌——习近平总书记给中国冰雪健儿回信引发热烈反响[N].人民日报,2022-02-26(01).

② 习近平总书记给苏翊鸣回信引发中国冰雪运动员等强烈反响[EB/OL].(2022-02-26)[2022-06-18].http://m.gmw.cn/bajia/2022-02/26/35546720.html.

一个人的幸福从来不是他人的给予，而是来源于坚定的目标、强大的能力、充盈的智慧和富足的内心，这才是“少年强”“少年智”“少年富”的内涵所在，青少年要学习奥运健儿——找到坚定的目标并为之艰苦奋斗！

我们在苏翊鸣这样的奥运健儿身上看到的除了出类拔萃的体育精神，更有余韵悠扬的爱国主义精神。实现中国梦必须弘扬中国精神。这就是以爱国主义为核心的民族精神，以改革创新为核心的时代精神。这种精神是凝心聚力的兴国之魂、强国之魂。爱国主义始终是把中华民族坚强团结在一起的精神力量，全国各族人民一定要弘扬伟大的民族精神和时代精神，不断增强团结一心的精神纽带、自强不息的精神动力，永远朝气蓬勃地迈向未来。

十五　给中国航天科技集团空间站建造青年团队的回信[①]

诵读回信

中国航天科技集团空间站建造青年团队的同志们：

你们好！读了来信，我想起了9年前在你们那里同青年科研人员交流的情景。9年来，从天宫、北斗、嫦娥到天和、天问、羲和，中国航天不断创造新的历史，一大批航天青年挑大梁、担重任，展现了新时代中国青年奋发进取的精神风貌。

建设航天强国要靠一代代人接续奋斗。希望广大航天青年弘扬"两弹一星"精神、载人航天精

① 习近平回信勉励广大航天青年：弘扬"两弹一星"精神载人航天精神　为航天科技实现高水平自立自强再立新功[N].人民日报，2022－05－04(01).

神，勇于创新突破，在逐梦太空的征途上发出青春的夺目光彩，为我国航天科技实现高水平自立自强再立新功。

在五四青年节到来之际，我向你们并向航天战线全体青年同志致以节日的祝贺！

习近平

2022 年 5 月 2 日

梳理纪要

回信时间：2022 年 5 月 2 日

回信字数：261 字

回信对象：中国航天科技集团空间站建造青年团队

对象性质：青年科研人员、航天青年团队

回信主题：当代中国青年、航天精神、奉献祖国

回信背景：五四青年节

背景扫描

在五四青年节到来之际，中共中央总书记、国家主席、中央军委主席习近平于 2022 年 5 月 2 日给中国航

天科技集团空间站建造青年团队回信,向航天战线全体青年致以节日的祝贺,并向他们提出殷切期望。

2013 年 5 月 4 日,习近平总书记曾到中国航天科技集团公司中国空间技术研究院,参加“实现中国梦、青春勇担当”主题团日活动,同各界优秀青年代表座谈。在中国共产主义青年团成立 100 周年之际,中国航天科技集团空间站建造青年团队给习近平总书记写信,代表该集团 8 万青年汇报 9 年来勇挑重担推动航天科技发展的情况,表达了为建设航天强国携手奋斗的坚定决心。①

中国航天科技集团空间站

中国航天科技集团空间站名为“天宫空间站”,是一个设计寿命为 10 年、长期驻留 3 人、总重量可达 180 吨的近地轨道运行的空间实验室。“天宫”这个名字,不仅蕴含了希望我国航天员能够在一个舒适的太空环境中展开科研工作的美好寓意,更寄寓着中国人自古以来探索太空的浪漫夙愿和不懈努力的奋斗历程。

“天宫”由天和核心舱、问天实验舱、梦天实验舱三

① 习近平回信勉励广大航天青年:弘扬“两弹一星”精神载人航天精神　为航天科技实现高水平自立自强再立新功[N]. 人民日报,2022-05-04(01).

舱组成，提供三个对接口，支持载人飞船、货运飞船及其他来访航天器的对接和停靠。它运行在高度 340 千米至 450 千米的近圆轨道，约每 90 分钟绕地球一周。在客观条件允许的情况下，人们在地球上可以通过观测设备一睹其“芳容”。三舱组合体质量约 68.5 吨，额定乘员 3 人，乘员轮换期间短期可达 6 人。组建完成后，空间站设计寿命为在轨运行不小于 10 年，具有通过维护维修延长使用寿命的能力，并具备一定扩展能力。①

“两弹一星”精神

“热爱祖国、无私奉献，自力更生、艰苦奋斗，大力协同、勇于登攀”的“两弹一星”精神形成于 20 世纪 50 年代至 70 年代，是我国老一辈科学家在自主完成原子弹和氢弹爆炸、导弹飞行和人造卫星发射的过程中，自觉培育践行的一种崇高精神，是爱国主义、集体主义、社会主义精神和科学精神的突出体现，是中国人民在社会主义建设时期为中华民族创造的宝贵精神财富。在中国特色社会主义进入新时代的今天，我们要科学把握“两

① 包为民.天宫空间站——太空闪耀中国智慧[N].人民日报，2021－09－28(020).

弹一星”精神的深厚意蕴，使之焕发出更加灿烂的时代光芒。①

殷切期望

习近平总书记的回信通过对全体航天青年和广大青年科技工作者的付出的认可，引导广大青年继续学习和践行航天精神，与新时代第二个百年奋斗目标同向同行，珍惜青春韶华，立足岗位、自强不息、勇担重任。习近平总书记希望广大航天青年弘扬“两弹一星”精神、载人航天精神，勇于创新突破，在逐梦太空的征途上发出青春的夺目光彩，为我国航天科技实现高水平自立自强再立新功。

脉络追寻

嫦娥奔月

嫦娥，亦作恒娥、姮娥，神话中后羿之妻。“嫦娥奔月”的神话，讲述了嫦娥被逢蒙所逼，无奈之下，吃下了西王母赐给丈夫后羿的一粒不死之药后，飞到了月宫的

① 唐洲雁，杨雪纯．“两弹一星”精神的深厚意蕴[N]．光明日报，2020－10－14(06)．

故事。乡亲们很想念好心的嫦娥，在院子里摆上嫦娥平日爱吃的食品，遥遥地为她祝福。从此以后，每年八月十五，就成了人们企盼团圆的中秋佳节。“嫦娥奔月”的神话源自我国古代人们对星辰的崇拜及梦想，现存文字最早记载于《淮南子》等古书。

“嫦娥”奔月，他们都是幕后的推动人

中华民族是勇于追梦的民族，党中央决策实施探月工程，圆的就是中华民族自强不息的飞天揽月之梦。

2016 年 4 月 24 日是首个“中国航天日”，习近平总书记作出重要指示：“探索浩瀚宇宙，发展航天事业，建设航天强国，是我们不懈追求的航天梦。”这一指示鼓舞了千万航空人。

自古以来，中国人就对月亮充满了向往，以其为意象的诗词歌赋、神话故事已经数不胜数，其中“嫦娥奔月”的神话故事在中国可谓家喻户晓，我国探月工程大抵也因此取名为“嫦娥工程”。

嫦娥工程分三期，目前我国已经圆满完成了一二期的任务，通过“长征五号”运载火箭发射的“嫦娥五号”探测器，就属于中国探月工程三期，它突破一系列技术难关，从月球上采集月岩、月壤样品返回地球，使中国成为

继苏联和美国之后第三个实现从月球采样返回的国家。这一系列的成就，离不开一代代中国航天人的努力，他们都是中国航天工程和嫦娥工程的功勋人物。下面四位是这其中的杰出代表，是他们让中华民族千百年来的“飞天梦”一步一步成为现实。

中国航天“嫦娥”——张玉花

以“嫦娥”命名的我国探月工程中，也有许多女科技工作者贡献着她们的智慧……在中国航天界，有这样一位敢想敢干、善作善成的“嫦娥”——30 多年来，她几乎全身心投入中国航天事业。从载人航天，到探月工程，再到火星探测，她的每一次跨越，都是中国航天发展的生动见证。她是张玉花，中国航天科技集团上海航天技术研究院科技委常委、我国探月工程三期探测器系统副总指挥、“天问一号”探测器副总指挥。

2018 年 12 月 8 日，“嫦娥四号”成功发射升空；2019 年 1 月 3 日，“嫦娥四号”在月球背面预选区着陆，“玉兔二号”完成与“嫦娥四号”着陆器的分离，驶抵月球背面，首次实现了在月球背面着陆。在月球背面执行任务的“玉兔二号”不负众望，一切正常。截至 2021 年 1 月 20 日，“嫦娥四号”和“玉兔二号”已完成第 26 月昼工作，已在月面工作 749 个地球日，累计行驶里程 628.47 米。

张玉花说："人类不会永远躺在地球的摇篮里，为了自己的求知欲、为了拓展人类的生存空间，我们将会走得更远，到别的行星，甚至到别的恒星系。"

"嫦娥"向导的铺路人——叶叔华

2012 年，一座口径 65 米、高 70 米、重 2 700 吨的射电天文望远镜在上海佘山脚下建立，它能依托射电甚长基线（VLBI）技术清楚地听到来自宇宙深处微弱的射电信号，为我国深空探测项目提供定规观测。我国著名天文学家、中国科学院院士叶叔华作为 VLBI 技术应用的倡导者和推动者，中国 VLBI 天文测量网作为测控系统的测轨分系统在"嫦娥一号"测轨中起到关键作用，为"嫦娥"奔月指明前行的方向。

叶叔华院士说："我们不但要到月球上去，很快还要到火星上去，也许有一天我们跑去把它绿化了，温度也低了，那么十代、二十代、一百代以后可以移民到那儿去。"

中国探月工程的第一位总设计师——孙家栋

孙家栋是我国人造卫星技术和深空探测技术的开创者之一，中国第一颗人造地球卫星"东方红一号"的技术总负责人；他是中国科学院院士，也是我国探月工程第一位总设计师。

孙家栋说，中国航天事业取得今天的成就，依靠的

不是一个人，也不是单纯一个集体，而是靠党中央的关怀和全国人民的大力支持。虽然功勋卓著，但孙家栋在各种场合下，总是谦虚地重复一句话:“有几十年工作经历的航天人很多，我只是其中普通的一员。”

让国旗在月背飘扬的现任总设计师——吴伟仁

吴伟仁是中国工程院院士，现任中国探月工程总设计师。2008 年，他从孙家栋手中接下重任，在他的主持下，研发团队肩负着几代航天人的期望和汗水，披星戴月，攻坚克难，让人类探测器首次在月球背面软着陆，并插上了一面五星红旗，这是人类探月史上唯一一面在月背飘扬的国旗，世界为中国惊叹。他几十年如一日深耕航天遥测领域，解决了诸多中国航天难题。

吴伟仁说:“我是一个很平淡的人，只是从事了一项不平淡的工作。”

众多航天人的不懈努力让“嫦娥”“鹊桥”“天宫”在天边化作闪烁星河。

当事者说

“9 年前，空间站还是一张蓝图；今天，中国空间站时代已经开启。能够投身重大国家工程并作出自己应有的贡献，我们感到无上光荣！我们将开拓进取、创新突破，不负青春，不负习近平总书记的嘱托！”①中国航天科技集团五院空间站系统总指挥王翔激动地说道。

2013 年 5 月 4 日，习近平总书记曾到中国航天科技集团五院，参加“实现中国梦、青春勇担当”主题团日活动，当时除了王翔参加了优秀青年代表座谈会之外，中国航天科技集团一院重型运载火箭总设计师杨虎军也在现场。读完习近平总书记的回信后，他说：“我们将牢记习近平总书记的嘱托，胸怀航天强国梦想，强化使命担当，加强技术创新和实践创造，不断刷新进军太空的中国高度！”②

读完习近平总书记回信中所说的“一大批航天青年挑大梁、担重任，展现了新时代中国青年奋发进取的精神风貌”，中国航天科技集团五院神舟飞船系统总设计师贾世锦感慨道：“青年强则国强，作为祖国航天战线上

---

① 孙瑜，付毅飞. 在逐梦太空的征途上绽放青春光彩——习近平总书记回信引起航天青年热烈反响[N]. 科技日报，2022-05-05(02).

② 孙瑜，付毅飞. 在逐梦太空的征途上绽放青春光彩——习近平总书记回信引起航天青年热烈反响[N]. 科技日报，2022-05-05(02).

的一名青年科技工作者,我一定要以建设航天强国为己任,踔厉奋发、笃行不怠!”①

社会反响

习近平总书记的回信给青年航天科技工作者们带来巨大鼓舞和激励。

西昌卫星发射中心第一时间组织全体科技人员学习习近平总书记的回信,群情激昂,大家纷纷表示备受鼓舞,一定不辜负习近平总书记在回信中对航天青年的期望,脚踏实地,向航天前辈看齐,为中华民族的伟大航天梦贡献自己的力量。

习近平总书记的回信同样在江苏航天青年中引起热烈反响,大家纷纷表示,要牢记习近平总书记嘱托,坚定热爱祖国、为国争光的信念,增强勇于登攀、敢于超越的进取意识,落实科学求实、严肃认真的工作作风,接续奋斗,为我国航天事业添砖加瓦。

“作为一名青年航天科技工作者,我备受鼓舞。”“天问一号”火星探测器信标常务副总师、南京航空航天大

① 孙瑜,付毅飞.在逐梦太空的征途上绽放青春光彩——习近平总书记回信引起航天青年热烈反响[N].科技日报,2022-05-05(02).

学航天学院副院长王寅说，当代中国青年是与新时代同向同行、共同前进的一代，生逢盛世，肩负重任。航天事业乃至于中华民族伟大复兴的中国梦都需要一代又一代有志青年接续奋斗，久久为功。与伟大的事业须臾不可离的，是精神力量的支撑与推动，当代青年需要不断从航天精神中汲取力量，肩负起时代的光荣使命，谱写中国航天事业的新篇章。①

2022 年 5 月 7 日上午，团中央组织部牵头召开央企青年学习回信精神专题座谈会。与会青年代表们认真品读了回信中习近平总书记对青年的谆谆教导和殷切嘱托，一致表示，要牢记永远听党话、跟党走的信仰，坚定为中华民族伟大复兴的理想信念，将“两弹一星”精神、载人航天精神付诸实践，肩负起新时代所赋予青年人的历史使命与责任担当！

① 杨频萍.江苏航天青年热议习近平总书记给中国航天科技集团空间站建造青年团队的回信——在逐梦太空的征途上发出青春光彩[N].新华日报，2022－05－04(1).

主要参考文献

[1] 姚常房,徐秉楠.白衣执甲出征[N].健康报,2020-03-12(02).

[2] 汪晓东,等.北京大学援鄂医疗队全体“90后”:三十而立,我们立住了![N].人民日报,2020-03-17.

[3] 姜泓冰,曹玲娟.习近平给复旦大学青年师生党员回信勉励广大党员——在学思践悟中坚定理想信念　在奋发有为中践行初心使命[N].人民日报,2020-07-01(01).

[4] 李强.深入学习领会认真贯彻落实总书记重要回信精神　常学常新不断感悟　心有所信方能行远[N].解放日报,2020-07-02(01).

[5] 杜沂蒙.习近平总书记给江苏省淮安市新安小学少先队员的回信引起强烈反响[N].中国青年报,2021-06-03(02).

[6] 王拓，杨频萍，等. 习近平总书记给新安小学的回信在江苏引起热烈反响：扎实开展党史学习教育，让红色基因代代相传[N]. 新华日报，2021-06-01(3).
[7] 在第十二届全国人民代表大会第一次会议上的讲话[N]. 人民日报，2013-03-18(01).
[8] 习总书记给北大学生回信引起热烈反响[N]. 光明日报，2013-05-05(01).
[9] 都晓. 努力培养社会主义建设者和接班人[N]. 新疆日报(汉)，2019-05-07(08).
[10] 习近平给全体在德留学人员回信　勉励他们秉持崇高理想努力报国为民[N]. 人民日报，2014-01-18(01).
[11] 柴野. 在德留学人员畅谈习近平回信[N]. 光明日报，2014-01-20(08).
[12] 习近平回信勉励澳门少年儿童　祝全国小朋友们“六一”国际儿童节快乐[N]. 人民日报，2019-06-02(01).
[13] 毛磊. 习近平主席的回信亲切感人给予厚望——澳门少年儿童和社会各界备受鼓舞[N]. 人民日报海外版，2019-06-02(04).

[14] 汪晓东,李翔,宋静思.总书记这样和大学生谈心[N].人民日报,2021-12-01(03).

[15] 仲祖文.让青春在基层奉献中无悔[N].人民日报,2014-02-14(02).

[16] 习近平给患病大学生村官回信　望其青春无悔[N].京华时报,2014-02-12.

[17] 习近平给河北保定学院西部支教毕业生群体代表回信——勉励青年人到基层和人民中去建功立业　在实现中国梦的伟大实践中书写别样精彩的人生[N].人民日报,2014-05-04(01).

[18] 耿建扩,等.青春之花,绽放在祖国最需要的地方——保定学院西部支教毕业生群体扎根基层教书育人二十年[N].光明日报,2020-08-14(01).

[19] 徐悦.他从未远离——深切缅怀南开杰出校友周恩来[N].天津日报,2016-01-11(10).

[20] 中共中央　国务院关于新时代推进西部大开发形成新格局的指导意见 N].人民日报,2020-05-17(01).

[21] 牢记总书记嘱托　担当新时代使命[N].中国青年报,2020-05-04(04).

[22] 习近平给中国戏曲学院师生的回信[N].人民日

报，2020－10－25(01).
[23]《求是》杂志发表习近平总书记重要文章　在庆祝中国共产党成立95周年大会上的讲话[N]. 人民日报，2021－04－16(01).
[24] 李晋荣，王国平，晋浩天. 不负重托，砥砺前行　为中国戏曲事业奋斗——习近平总书记给中国戏曲学院师生回信引起戏曲界热烈反响[N]. 光明日报，2020－10－26(09).
[25] 樊未晨. 不忘初心　让梦想与热爱并肩同行——首都高校师生贯彻习近平总书记给中国戏曲学院师生回信精神[N]. 中国青年报，2020－10－27(02).
[26] 原石. 总书记回信冰雪健儿　新时代是追梦者的时代[N]. 人民日报，2022－02－26(01).
[27] 季芳，等. 心系祖国志存高远脚踏实地　接续创造冰雪运动新辉煌——习近平总书记给中国冰雪健儿回信引发热烈反响[N]. 人民日报，2022－02－26(01).
[28] 包为民. 天宫空间站——太空闪耀中国智慧[N]. 人民日报，2021－09－28(020).
[29] 孙瑜，付毅飞. 在逐梦太空的征途上绽放青春光

彩——习近平总书记回信引起航天青年热烈反响[N].科技日报,2022-05-05(02).

[30] 杨频萍.江苏航天青年热议习近平总书记给中国航天科技集团空间站建造青年团队的回信:在逐梦太空的征途上发出青春光彩[N].新华日报,2022-05-04(1).

[31] 习近平对新型冠状病毒感染的肺炎疫情作出重要指示[EB/OL].(2020-01-20)[2022-07-17].http://www.gov.cn/xinwen/2020-01/20/content_5471057.htm.

[32] 总书记回信中提到的“新安旅行团”的红色历史[EB/OL].(2021-06-01)[2022-05-17].https://www.xuexi.cn/lgpage/detail/index.html?id=6053842893448816805.

[33] 得其大者可以兼其小[EB/OL].(2018-07-21)[2022-06-17].https://www.ccdi.gov.cn/toutiao/201807/t20180716_175709.html?ivk_sa=1024320u.

[34] 让青春之花绽放在祖国最需要的地方——习近平总书记给河北保定学院西部支教毕业生群体代表的回信引发强烈反响[EB/OL].(2014-05-04)

[2022－06－18]. http：//www.xinhuanet.com/politics/2014-05/04/c_1110527660.htm?ivk_sa=1024320u.

[35] 南开入伍学生畅谈习近平回信：无悔青春选择 立志报效国家[EB/OL].(2017－09－27)[2022－07－14]. http：//www.edu.people.com.cn/n1/2017/0927/c1006_29562855.html.

[36] 习主席给大学生新兵回信啦！[EB/OL].(2017－09－26)[2022－07－12]. http：//www.81.cn/98121/2017-09/26/content_7770614_2.htm.

[37] 主席的嘱托召唤我进军营——习主席给南开大学8名新入伍大学生的回信在全国高校引起强烈反响[EB/OL].(2017－09－28)[2022－07－12]. http：//www.military.workercn.cn/265/201709/28/170928075334147.shtml.

[38] 高校师生热议总书记回信：不辜负总书记的殷切期望[EB/OL].(2017－08－16)[2022－07－17]. http：//www.edu.people.com.cn/n1/2017/0816/c367001_29475165.html.

[39] 非凡的冰雪盛会　精彩的中国答卷[EB/OL].(2022－02－21)[2022－07－14]. http：//www.

gov. cn/xinwen/2022-02/21/content_5674818. htm.

[40] 习近平总书记给苏翊鸣回信引发中国冰雪运动员等强烈反响[EB/OL]. (2022 - 02 - 26)[2022 - 06 - 18]. https://m. gm w. cn/bajia/2022-02/26/35546720. html.

[41] 空间站系统总师：这就是中国方案[EB/OL]. (2022 - 05 - 13)[2021 - 07 - 17]. http://www. jtdfz. com/index. php? m = home&c = View&a = index&aid = 825.

后　记

习近平总书记以“回信”的形式，与青少年交流理想信念，建立了与青少年交流信息的渠道。在这个意义上，“回信”成为国家最高领导人与广大青少年之间的制度化交流方式，使传统的信息传递方式在现代社会发生了创造性转化，不仅具有个体化形式，而且发挥了重要的治国理政作用。习近平总书记给坐落在上海市杨浦区的复旦大学《共产党宣言》展示馆党员志愿服务队全体队员的回信，就是上述形式的典型代表。

习近平给《共产党宣言》展示馆党员志愿服务队全体队员的回信，勉励他们继续讲好关于理想信念的故事，心有所信、方能行远，对全国广大党员，特别是青少年党员提出殷切期望。习近平总书记重要回信不仅在大江南北传颂，更是在上海市杨浦区各界特别是青少年中引起了强烈的反响和共鸣。杨浦区青少年不仅牢记习近平总书记的殷殷嘱托，而且以学习回信的形式学习

“回信”精神，坚持在学思践悟中坚定理想信念，做《共产党宣言》精神的忠实传人，践行人民城市理念，赓续城市红色血脉，沿着习近平总书记指引的方向不断砥砺奋进。

2022年2月16日，《习近平书信选集》第一卷出版。在第一卷中收录的多封书信，有很大一部分是给青少年的回信。这些回信充分体现了习近平总书记对青少年一代的勉励关怀，为广大青少年奋进新征程、建功新时代，指明了前进方向，提供了根本遵循。在《习近平书信选集》第一卷出版发行之际，我们团队潜心研读，集专家之力，从中选取15封习近平总书记给不同群体的回信，以青少年喜闻乐见的形式，通过活泼的栏目设计，深度研读这些回信，编写成适合青少年学习研读的读本，望对青少年感悟经典，自觉按照党和人民的要求锤炼自己有所助益。

本书初稿甫一成形，我们便请“人民教育家”于漪老师批评指正，并为该书作序。于漪老师不顾93岁高龄，欣然应允。在序中，她勉励广大青少年，认真学习习近平总书记回信，珍惜学习的黄金时期，把学习作为首要任务，以青春之我奋进新时代，书写美好的青春篇章。我们谨在此致以最真挚的谢忱。

本书作为上海市杨浦区喜迎党的二十大的重点项目，得到杨浦区委区政府的高度重视和大力支持。杨浦区委宣传部、区文明办依托区内高校智库，组建由高校专家学者与基础教育优秀教师组成的团队，共同学习研读，完成读本的编写工作。我们由衷感谢上海交通大学出版社的编辑车玉晓和美编老师的辛劳付出。我们严守学术规范，然而难免百密一疏，在注释引用等方面存在疏漏之处，还请大方之家不吝指教。

本书编写团队以学术研究为最高标准，但囿于自身学识，肯定存在不足之处，尚有许多方面亟待改进。我们衷心欢迎任何有益的建议。

本书编写组

2022 年 6 月